今天怎样做教科研

写给中小学教师（第三版）

冯卫东——著

中国人民大学出版社
·北京·

图书在版编目（CIP）数据

今天怎样做教科研：写给中小学教师 / 冯卫东著
.—3版.—北京：中国人民大学出版社，2019.11
ISBN 978－7－300－27650－2

Ⅰ.①今… Ⅱ.①冯… Ⅲ.①中小学—教育研究
Ⅳ.①G632.0

中国版本图书馆 CIP 数据核字（2019）第 250513 号

今天怎样做教科研：写给中小学教师（第三版）
冯卫东 著
Jintian Zenyang Zuo Jiaokeyan：Xie Gei Zhongxiaoxue Jiaoshi（Di-San Ban）

出版发行	中国人民大学出版社		
社　　址	北京中关村大街31号	**邮政编码**	100080
电　　话	010－62511242（总编室）		010－62511770（质管部）
	010－82501766（邮购部）		010－62514148（门市部）
	010－62515195（发行公司）		010－62515275（盗版举报）
网　　址	http://www.crup.com.cn		
经　　销	新华书店		
印　　刷	北京华宇信诺印刷有限公司		
开　　本	720 mm × 1000 mm　1/16	**版　　次**	2019 年 11 月第 3 版
印　　张	14　插页1	**印　　次**	2024 年 12 月第 10 次印刷
字　　数	190 000	**定　　价**	49.80 元

目录

前言

《今天怎样做教科研：写给中小学教师》这本书，从第一版到第二版，只过了一年；从第二版到现在的第三版，却隔了七年多。两次改版，第一次修改的幅度不大；第二次修改了差不多一半内容。

这次改版补充了近年我在全国各地所做的3个重点报告的整理稿，它们都受到人们的欢迎和喜爱；还有一部分是为教育类杂志写的专栏。所谈、所写的都是教科研方法。

这几年，我有较多机会到一些地方进行交流。许多老师和我说，《今天怎样做教科研：写给中小学教师》是自己以及所在团队的重点读物，他们是读着这本书走上研究之路的。这本书成为一本畅销书和长销书，我想，最重要的原因就在于它很实用。

这次修订，我仍坚持了“实用第一”的原则，希望它能助力广大教师轻松走上自己的教科研之路。

| 第一讲 |

在心灵的漫步中回味生活
——谈教育随笔写作

教师的工作既需用自己的心灵，又最为关乎他人的心灵。教师要常常在自己的心灵中漫步，漫步是自由、从容和惬意的，它能使教师获得省思、发现和滋养自我的机会与能力。在这一过程中，教师的整个教育生命也将有所拔节，有所成长。

写教育随笔是教师进行“心灵漫步”的一种极好的方式与路径。

教科研

题目中的“心灵的漫步”取自一本很有影响力的书 —— 帕克·帕尔默的《教学勇气：漫步教师心灵》。教师的工作既需用自己的心灵，又最为关乎他人的心灵。教师要常常在自己的心灵中漫步，漫步是自由、从容和惬意的，它能使教师获得省思、发现和滋养自我的机会与能力。在这一过程中，教师的整个教育生命也将有所拔节，有所成长。

写教育随笔是教师进行“心灵漫步”的一种极好的方式与路径。那么，什么是“随笔”呢？我们来看一本词典的释义：随笔是散文的一种，没有华丽的辞藻、严密的结构。形式可以不受体裁的限制，灵活多样，不拘一格，可以观景抒情，可以睹物谈看法，可以读书谈感想；可以一事一议，也可以对同类事进行综合议论。对此，我基本赞成。不过，我以为，它不必有却“可以有”华丽的辞藻，不必有却“可以有”看似随意实则严密的结构。在辞藻及结构两方面，应该没有什么理由完全拒绝华丽、严密，否则随笔之“随”反而会受到另一些不应有的拘束和限制。

基于此，我给“教育随笔”下了一个粗线条的定义：“用散文的形式表达作者（关于）教育之经历、理解、情怀、胸襟、抱负等的一种文体。”它往往较为短小精悍，较为自由舒展，也较为飘逸灵动。教师写教育随笔，是在“炼眼”—— 锤炼自身发现问题的能力；是在“‘炼’笔”—— 锤炼自身表达思想的能力；也是在“炼意”—— 锤炼与提升自己的教育思想、教育情操、教育抱负。很难想象，一个经常写教育随笔的人，却对教育本身绝无理想、了无感情和毫无识见。也可以肯定，在其他条件大致相同的情况下，写或不写教育随笔，个人的教育境界一定会有较大的差异。

根据教育随笔所采用的主要的、具体的表达方式，我把它大致分为三种类型，即叙事随笔、事理随笔、论理随笔。论理随笔专擅议论笔法，更多的是理性的笔调、理性的内容、教育哲理的思想，如肖川先生的代表作《教育的理想与信念》。显见，它的写作手法是一般一线教师难以掌握的。我个人写作与发表的近百篇教育随笔中也较少有纯粹论理的。所以我在这里只和大家谈谈前面两者。

一、叙事随笔：值得过的生活就值得回味

教育是为了人的生活，为了给人值得过的生活。这是鲁洁教授的观点。她在《超越性的存在 —— 兼析病态适应的教育》[载于《华东师范大学学报》（教育科学版）2007 年第 4 期] 一文中说：“教育本来是面向可能生活的，它的功能是要为人揭示更加好的、更值得过的可能生活。”教师的教育生活当然应该是值得过的生活，要不然，他就是在耗费自己的生命，同时也在耗费学生的生命。

值得过的生活就值得回味。这是我对教育叙事随笔内在特质以及外在表现形式等的一种概括和揭示。

叙事随笔所叙之事应该是教师值得过的生活。如果没有这样的生活却偏要去叙，那就是“硬写”（鲁迅语），是杜撰，是矫揉造作。另外，拥有如此生活的教师，也未必每一时段、每一件事乃至每一个细节都值得、都必须、都能够去叙述，他理应从总体上值得过的生活中优选一些尤其值得过的片段、值得做的事情、值得把玩的细节加以叙写。

对如此生活的叙写，不应是流水账，不宜平铺直叙，不要完全原生态、照相式地反映，而应该是一种回味。回味既有回忆，也有对其中相关事件、历程、情景等的品味。回忆，总难免濡染着情感性或情绪色彩；品味，又往往表现出理智或理性的倾向。所以，叙事随笔可以没有对“意”的概括，对“理”的抽象，却应该乃至必须有“意”或“理”的寄寓。一言以蔽之，叙事随笔理应是“有魂”的。

以李庾南老师的一本书为例。大家知道，李老师是我们南通“二李（李吉林、李庾南）”之一，是全国著名特级教师，第六届全国教书育人楷模，虽年事已高，却仍然工作在教育教学第一线。2007 年，她执教满 50 年，同时连续在一所学校做班主任 50 年，被确认为新中国“连续任职时间最长的班主任”，创造了一项“吉尼斯纪录”。那年，我与李老师一起去

南京参加江苏省教育学会换届选举大会。途中我突发灵感，对她说：“作为一名初中数学特级教师，您在全国首创了‘自学·议论·引导’教学法，发表了不少论文，也出版了几本论著，蜚声全国中学数学教坛。而作为班主任，您的业绩也很突出，却几乎没有留下任何文字，这不免有点儿可惜和遗憾。我想，您是不是可以写一本书，回忆50年班主任生涯中的100件很有意思、很有意义的事情，然后我来给您做点评。这样的书对全体中小学班主任应该很有启发。”李老师深以为然。我们便在车上对书的选材、结构、体例等做了一个大体构思。回来后，李老师说做就做，不到4个月便完成了100个故事的叙写。她边写，我边整理、点评。在她从教50年之际，人民教育出版社出版了《班主任工作艺术一百例 —— 触及心灵的足音》。这本书赢得很好的反响，出版社多次加印，获《中国教育报》“好书大家读”评选活动第二名。

李老师所做的班主任工作自然是“有魂的教育”，她的叙写以及我的点评使其教育之魂得以呈现、揭示或升华。

我们来看其中的三个例子（这里呈现的故事及点评都是经过缩写的）。在100个故事中，这三个并不突出，然而“真水无香”，我择取它们，意在说明和强调：值得过的生活往往就是由这些看似稀松寻常的事情组成的，而它的价值还需要经由品味才能较好地实现。

其一 ——

在“群言堂”中立高标

一次，在我回家的路上，一位初一新生由于刚刚学会骑车，不会刹车，撞上了我，使我跌倒。我好言安慰他，让他回家。一位家长看到后，主动送我去医院。我带伤上班，许多学生热情地搀扶我，但也有少数同学背后说风凉话，说他们在“拍马屁”。针对这一情况，我在班上开了一次班会，让大家各抒己见，正气又在我班抬头了。

【点评】

“一言可以兴邦，一言可以亡邦”，形成正确的班级舆论导向十分重要。

教师不要做“奉送真理的人”，当道德认知、道德理解、道德实践成为学生的自主活动时，德育就达到了一种较高的境界——“自能学习”的境界。

其二——

看谁能最快地找到自己的“位置”

新班组建，我让学生先自行按身高站队，然后向他们说明排座位的规则，又让他们自行寻找自己的座位。在这一过程中比赛，看谁能既快又准地找到自己的“位置”。此后，平时学习，四人分为一组，实行组内合作，组际竞争。

【点评】

用竞争与合作来“链接”两件事。一开始就启发和引导学生自我建构合理的秩序，颇有点儿数学建模的意味。它内隐着引导学生掌握科学的观察、学习与思考的方法，实现知识与能力正向迁移等教学、教育思想。班务工作与学科教学、慧心培养等浑然结合。

竞争是最好的合作，合作也是最好的竞争。

从某种意义上说，班主任工作就是引领学生在人生坐标中找准或建立自己的“位置”。竞优争先是我们确立人生“位置”的一条永恒法则！

其三——

不能让流汗者流泪

小王同学成绩不理想，但人品好，乐于助人，值日工作做得极为认真。一天放学迟了，同组同学都急着回家，只剩下她，幸亏两位成绩也不理想的同学协助她完成任务。她回家后觉得十分委屈，向妈妈倾诉。我知道此事后，对全班进行了教育，效果很好。

【点评】

这个故事使我想到，对班主任工作，可以有三个隐喻：第一，它是学生的一只援手；第二，它是学生的一个知音——对学生，我们必须有“倾听的道德”；第三，它是学生道德生活中的一块打火石——教育是一种“催化”。

“淡而有味”，这是我在阅读李老师的手稿时最深的感受。是的，一个优秀教师，她每一天的教育行走大致就是这样的，不可能有太多的精彩繁华，不可能有太多的轰轰烈烈，也不可能有太多的“抢人眼球”。

不过，这些还只是说了“淡”的一面，“有味”的另一面更为重要。在第一个事例中，部分学生的价值取向有所扭曲，李老师恰当其时、恰到好处地给予引导，使其又回到正确的航道中来。在第二个事例中，李老师不失时机而又不着痕迹地引导新生建构新的学习、生活秩序，并促成他们在这种秩序之中合作、竞争。在第三个事例中，李老师倾听弱势学生的委屈，通过合适的教育方法和形式，给予她精神上的关注与支持，并使更多学生对自己“无意过失”的行为加以反思。李老师所有这些言行举止都点在学生精神的痛处、行为的要处、思想的盲处。把许许多多诸如此类的事情做对、做好，教师的工作就会无怨无悔，教师的生活就“值得过”。

叙事随笔不只是对事情的叙述，也是一个转到事情的背后——套用吴康宁先生“转向教育的背后”一说——对自我进行琢磨、反思和研究的过程。因此，它有一定的叙事研究的味道或性质。叙事研究是这些年来非常时尚、极有生命力的一种研究方法。华东师范大学的丁钢教授是国内教育叙事研究的大家，我们来看他的一段论述。

> 教育叙事的主要目的在于关注日常教育实践与经验的意义……想要获取的正是那些对个人生活看似平淡无奇却产生深层影响的自我故事或个人经历故事……是一种不断反思自身教育生活与实践的专业精神，以及对教师和学生在日常教学情境中教与学交往的追问过程……任何一个场景中发生的事件都具有多重意义……研究者还必须将诠释与理解呈现给读者……教育叙事研究需要“问题意识”……我们可以带着问题去参与经验，在经验中去理解，在理解的过程中形成理论的思考。[①]

严格意义上的“教育叙事研究”非一线教师所能为，但对照丁先生的论述，尤其是其中的“故事”“意义”“反思”“追问”等几个关键词，我们至少有理由认为，好的叙事随笔与叙事研究之间没有不可跨越的鸿沟。结合丁先生的观点，我给叙事随笔列了一道“方程”。

问题意识（？）
×（日常事件＋可能意义）（……）
×反思、追问（á）
×理解、诠释（ò）
＝现实意义＋理性或理论思维（！）
＝普适价值（——）

问题意识是起点。不会究问的人面对丰富复杂的世界也一定是盲目和

① 丁钢．教育叙事研究的方法论 [J]. 全球教育展望，2008（3）：52-59.

麻木的。在他们眼里，“世界是平的”。我们要怀揣问题意识，去面对和走向每一天的教育生活，其间一定蕴含着大量若隐若现、稍纵即逝的意义。对此，我们要有敏锐的嗅觉，要有一定的洞察力，要穷追不舍，打破砂锅问到底。然后静下心来，对它进行咀嚼、玩味，进行理解、阐释，此时应有一种恍然大悟之感。在这样的过程完成之后，生活的某种意义便会浮出水面，呈现在眼前。我们或许还可以由此获取一些“附加值”—— 对教育问题的理性的而非纯粹感性的、理论的而非纯粹经验的思维、思想。再以这些思维或思想观照自我或他人的教育行为，你会感到，它不仅适用于一人、一时、一事，还适用于更多人、更多时候、更多事情。

这道“方程”中有一些符号。“？”代表问题、疑问，“……”代表丰富、多样，“ǘ”代表起疑，“ò”代表彻悟，“！”代表深刻思维、丰富思想所产生的心灵震撼力，“——”代表它适用于更广泛的时空。我多次用了“×”，而不是“+”。“+”意味着简单的、机械的叠加，而“×”既代表着诸多元素之间水乳交融的关系，也表明意义的获得未必是算术级增长，而可能是几何级“裂变”。是的，有时，一个事件以及对这个事件的追问，有可能在很大程度上乃至彻底地改变一个人的教育观念、人生方向。

每一次教育叙事都应该是自由自在、不拘一格的。如果说也要有什么限制，我以为有两条。一是真诚、真实、真切，不虚构、不矫情。二是努力追问意义，并在经常性的教育叙事中养成追问意义的专业思维习惯与能力。这样的追问应该能反过来使将要发生的教育行为、教育事实更有积极的、明晰的方向与目标，更有清醒的理性和充分的实践智慧。

我们来看两位老师的叙事随笔，它们都有可圈可点之处。

一篇是南通市如东县职业教育中心杨红兵老师的《心，是相通的》，写得质朴、真诚。杨红兵老师写自己翻看记事本时想起一段往事：班上的冯亚飞同学不慎被开水烫伤大腿，他以最快的速度将其送往医院进行救护。回来时已经很晚了，他却在传达室里无意间听到一个学生正在和前来探望自己的妈妈说起这件事。这个学生让妈妈放心，说，班主任就像家长一样关爱着大家。后来，杨老师生病住院时，全班同学轮流来看他，以至病友们都误以为他是江苏省如东高级中学的老师……这些可谓是“无事之事”，杨老师却由此追问出许多意义。譬如，“心，是相通的”；譬如，“爱人就是爱己”；再譬如，职业教育事业同样有不逊于普通教育事业的育人价值，等等。

一篇是如东县实验幼儿园陈锦霞老师的《难舍冲动》，写得优美动人。元宵节前一天，她给全体家长发去“家园通”，约定第二天晚上去公园看花灯。结果天公有些不作美，她暗地里怪自己一时冲动，又有些犹豫到底要不要取消先前的约定。可到公园时，她却看到来了不少幼儿及家长，一片其乐融融的景象。她又一时“冲动”，和大家相约明年再来……“冲动”其实是激情的一种表现，一个不再会“冲动”的教师或许已经拥有了一份成熟和理性，却也可能远离了激情，而激情是弥足珍贵的。陈老师没有把这些“意义”都和盘托出，但在文章的字里行间，我们却能读到她的弦外之音。

谁的生活中都会有无数个动人的瞬间，这两位教师都用随笔捕捉了这些瞬间，并将它们“定格”下来。当然，我更赞赏和提倡教师有意识、有计划、成系列、能连续地“开发”出自己精彩的教育生活、精彩的教育事件。它们不是几个无甚关联、零零落落的镜头，而是一幅幅精彩纷呈、让人目不暇接的风景。此时，我们的叙事就超越了一般的讲述，而成了一种艺术的演绎。

我想向大家推介两位优秀青年女教师和她们的作品。

一位是南通师范学校第三附属小学的刘昕，她三十刚出头，已经出版两本著作，其中一本是《守望的神情：关于一个孩子的语文教学笔记》。她刚接一个新班，发现长得眉清目秀的小飞同学总是闷声不响，好像患了失语症。经了解，原来小飞是外来务工人员子女，家境贫寒，父母目不识丁，这使他处于一种非常自闭的状态。老师跟他及其父母沟通都极为困难。刘老师决心不放弃，不抛弃，从语文教学入手，尽最大努力把小飞引上正常成长的轨道。功夫不负有心人，有一天中午，刘老师在办公室小憩，小飞冲进来，没头没脑地说了四个字——“他们哭了”。然后逃也似的走了。这莫名其妙的一句话却让刘老师欣喜不已，仿佛看到了铁树开花。她紧随小飞，来到教室里，原来许多孩子都在阅读《夏洛的网》，他们为其中的故事感动而流泪……就是这样一个将自己的心紧紧包裹起来的孩子，让刘老师耗费了无数心血，也使她得以创造了一个教育奇迹。毋宁说，她在“牵手”小飞的同时，也把自己的教育人生“牵引”到一个诗意的甚至不无宗教情怀的境界。她精彩的工作本身就是一篇篇精彩的教育故事。

另一位教师叫章小英。我在她所在的学校——如皋师范学校附属小学发起开展的有关“倾听教育”的课题研究，使她和其他一些教师“几乎熄灭的职业追求之火又重新燃烧起来”（一位教师的原话）。他们忘情地投入“倾听教育”之中，既认真追问事件意义，又努力促成“意义事件”。对许多教育事实，她总喜欢从“倾听”的视角去审视和反思；另一方面，她还在平时的实践中紧紧围绕“倾听”，源源不断地设计并开展丰富多样的活动。章老师叙写了“倾听教育”系列故事，这固然令人钦佩；而更让人感动的是，她侧耳谛听，在她的耳畔，充满着无数“花开的声音”！

——值得过的生活就值得回味。美美地叙写我们的故事，这不也是一种值得过的生活样态吗？

二、事理随笔：在一块石头里看到风景

这是一个意义的世界，意义需要人去赋予。罗伯特·福尔姆在《我们得回到幼儿园》中说：“当我们发现世界无意义的时候，正是无意义的世界需要我们赋予它意义的时候。”在叙事随笔中，我们赋予了有关教育的事物、事件以意义，这些意义可以通过夹叙夹议表现出来，也可以如盐溶于

水，看不见却品得出。倘若是后一种情形，那就需要读者去参悟，需要作者、读者去共同建构。

我也主张一线教师再向前跨出一步，写一写就事论理的教育随笔——事理随笔。它是指由某一个（些）教育事实生发开去，进行适度理性抽象、概括、提炼和升华，具有较强论理色彩或有一定理论价值的随笔。在这里，事实、事件不是主体内容，而只是诱因，是媒介，是基础。“理”才是写作的追求所在，也是最耗笔墨的部分。我们不能孤立地说，叙事随笔、事理随笔哪个更有意义，更具价值，但在目前教师普遍长于经验叙述而短于理性思考的现实面前，如能有更多人涉笔于后者，那么无论对提高个人的教育理解，还是对提升群体的教育品质都大有裨益。

事理随笔有着怎样的内在特质呢？让我们来看一段耐人寻味的话。

> 知识不等于智慧。知识关乎事物，智慧关乎人生；知识是理念的外化，智慧是人生的反观；知识只能看到一块石头就是一块石头，一粒沙子就是一粒沙子，智慧却能在一块石头里看到风景，在一粒沙子里发现灵魂。①

这是学者李政涛先生《没有灵魂的教育》一文中的一段话，它比较了知识与智慧的不同。知识固然重要，但智慧更具价值，因为智慧是对知识的超越，智慧可以生产出无数的知识。有了知识不一定就有智慧，但有了智慧却一定能拥有知识。李政涛还把读书人分为几类，即“知道分子”“知识分子”“知慧分子”“知行分子”。“知道”指懂得了，“知识”指理解了，“知慧”指通达了，“知行”指实践了。仅仅懂得与理解还不够，我们还要追求通达，还要付诸实践。

要成为“知慧分子”，就要“在一块石头里看到风景”。也就是说，要

① 李政涛 . 做有生命感的教育者［M］. 北京：北京师范大学出版社，2010：26-27.

有对平日生活、日常现象的穿透力，要能够在寻常中发现奇崛，在凡俗里看到精彩。尼采说："朴实无华的风景是为大画家存在的，而奇特罕见的风景是为小画家存在的。"我们当然不是大画家，却有无数"朴实无华的（教育）风景"为我们存在着，我们要努力拥有"大画家"般的眼力、心力与表现力。

这样的眼力、心力与表现力当然不是想有就有，一蹴而成的，它需要长期的修为，是厚积薄发的结果。不过，这也与你一时是否明敏善感有关。作家邓刚说，要成为一名优秀的作家，就必须有点儿神经质。他所谓的"神经质"，就是指特别敏感的一种心性。其实何止作家，你要成为一名优秀的教育工作者，要能写出一些好的教育文字，你也必须敏感，有些"神经质"。是这样或者不是这样，你眼里的教育世界，你对教育的理解与体认，是不相同的，甚至判若云泥。

我算得上一个比较敏感的人，甚至在一些场合不讳言，自己也有点儿"神经质"。我以自己发表的第一篇事理随笔为例。

十多年前，那时我在教高三的语文，有一次评讲作文，我特别提醒一位女同学，她在取材和立意等方面有点儿"打擦边球"的味道，让人觉得偏题。下课后，我刚走出教室，她尾随而来，说这不能算是一篇偏题之作，并且列举了若干理由。她这样一说倒使我有点儿犹豫，我答应让其他老师再一起来看看，由大家共同判定它是否偏题。我果真这样做了。同备课组的几位老师经过反复商讨，认为我的意见是对的，这使我更有底气了。第二天，我早早地来到教室里，把大家的意见告知她。她心悦诚服，表示以后不再写此类文章，以确保高考稳中取胜。

几乎是在她从我身边走开的那一瞬，我脑子里忽然迸出一个强烈的念头：一个学生很在乎自己的学习情况以及老师对此的评价，这可是一件好事；而对她的这种态度，我们应该更为在乎才对。"要在乎学生的'在乎'。"我脱口而出。回到办公室，我让有些激动的心情平静下来，理了理思路。第二天，我就完成了一篇千字短文——《要在乎学生的"在乎"》，并且它很快在《中国教育报》头版发表。

我所遇到的不过是细雨微澜一类的小事，但透过这件事的表面，透过这块“石头”，我却看到了“风景”。我这样写道：

对于学生的“在乎”，我们应该报桃以李，采取一种更为“在乎”的态度——

首先，要做有心人，关注一下学生是不是“在乎”，“在乎”些什么。……学生“在乎”的不正是教师应该努力研究的吗？……

其次，教师不应坐等学生表露和显现“在乎”态度，他应努力营造氛围，创造条件，使“满不在乎”的学生能“在乎”起来。……让学生的“在乎”能够在一种宽松的环境和心境中萌芽、长大和生根。苏霍姆林斯基说：“热烈的学习愿望是一种道德的和政治的情感，培养这种情感首先是我们教师的职责。”而事实上，对学习过程、学习结果、学习评价等的“在乎”，常常就是“热烈的学习愿望”另一种形式的体现和反映。

再次，教师也要对学生的“在乎”做适当的引导。实践证明，也有一些学生的“在乎”心态存有偏颇，较为狭隘。比如，过于“在乎”别人对自己的评价，经常生活在他人言语的阴影中，缺乏独立的人格追求；过于“在乎”考试分数，“以分喜，以分忧”，心理防线很脆弱……教师要尽量谙熟学生的心理，要做他们的“心理按摩师”，要循循善诱，和他们讲明利弊，剖析得失，从而纠偏导正。当然，教师以宽大的胸襟去影响学生，使他们也拥有“有容乃大”的气度，这才是最重要的。如此，学生就不至于“在乎”一些枝枝节节、鸡毛蒜皮的事，他所“在乎”的必将是学习、人生、社会中较有价值和意义的事，这正是教育者不懈追求的一种境界。

这段文字不免稚嫩，但在抓住问题关键、在捕捉论理视点、在所表现的教育理念等方面，较为有力、新颖、独到，应该说值得一读。是眼力发现了问题，是灵感促成了思考，是思想转变成了文字。

事理随笔要缘事论理，事要靠发现与精选，理要靠分析与提纯。事与理之间当然不是一一对应的，一件事可以派生出很多的理来。能否写好事理随笔，取决于许多因素，而至关重要的一点是，能否由这件事“辐射”出去许多闪光点，再在诸多闪光点中撷取最佳点——“踩点”工作极为重要。下面，我举例和大家谈谈自己是怎么“踩点”的。

第一个例子，《“让我教你唱歌怎么样？”》。

那一次，我和几位教研员到学校听课。在车上，大家谈起买车、学车的事。我说自己“誓将不学车进行到底”，因为我不能忍受师傅的责骂。一个老师接着说，幼教教研员陈老师脾气很好，学车时对师傅严厉的态度一忍再忍。有一天陈老师终于忍不住了，说：“师傅，让我教你唱歌怎么样？”话不多，却一下子击中对方的要害，师傅从此再没有以粗言相加。

陈老师的意思是，人总有自己的长处和优势，不要因此轻慢他人。我却由此很快想到多元智能问题；想到我的一位挚友担任校长，用“没有……不……”的句式提出了十大教育理念，其中有一个是，“没有不会‘教’的学生”。一位著名教育学者坦言，只对这一点有不同意见，因为它太理想化了。而我个人是赞成这位校长的观点的，恰如陈老师的话所启示我们的道理那样，一个学业不好的学生，完全可以在其他方面表现得不错，堪为同学乃至教师之师。我想起自己游泳，在池壁折回时，一直只会单脚蹬壁，从来没能完成双脚蹬壁的动作。有一次和几个几年前教的学生小聚，自己把它当作笑话提起。一个从前语文学得不好的学生却把其中的道理分析得头头是道，然后教我双脚蹬壁的动作要领。第二天我按照他所说的去试了试，果然只消片刻工夫就学会了。“让我教你唱歌怎么样？”是啊，谁都不是全知全能的，“转益多师是汝师”（杜甫语），这是人们在这个多元社会里应该秉持的一种处事与处世的姿态……

在加德纳多元智能说差不多“家喻户晓”的今天，再联想和阐述上面这些道理似乎没有多大新意。不过我还是以为，这样构思或写作仍然有其意义。第一，它表明这个教育理论有更广泛的适用领域，不只在学校或教室。第二，由一个事实“牵”出一个道理，再由这个道理有机“链接”若干教育的或日常行为的事实，从而浸润或渗透着一股清新的生活气息。如此，教育之外的人读到它，也会在瞬间顿悟出一定的道理来。

我把这种构思方法称为“迁移法”。陈老师的那一番话，那一个事实，它所蕴含的道理可以说是较为固定和单一的，你很难大幅度地发散开去。即便发散了，最终应该还是最初被感知到的这个道理最为恰当、最为深刻。那么在具体写作过程中，我们可以将它“迁移”到其他场域、其他事件上。“迁移法”的特征就在于，类比取譬，由迩见遐，应用起来较为容易、方便。

第二个例子，《平等：为之，则易者亦难矣》。

有一次，几位老师小聚，服务员斟酒。服务员觉得几位老师中有一位眼熟，略加辨识，她认出这是十多年前上初中时的语文老师，于是热情地和老师打招呼。老师终于想起这个学生，但在学生转身出去端菜时，他匆匆离开了酒店。事后，他向大家打招呼，说自己一贯很强调人与人之间的平等，因此不愿接受学生作为服务员来“侍候”自己的事实。大家都表示谅解，因为这是一位文人气息很浓的中年教师，大家觉得这样的行动发生在他身上可以理解。

人各有脾性，他的行为无可厚非。但我对他所十分看重的“平等”二字有不同的理解。服务员也是一种职业，与其他职业应无贵贱尊卑之分。既然我们不觉得平时接受服务员之服务有损平等精神，那么接受已经离开学校、长大成人、走向社会的学生以服务员身份所进行的服务，理应与平等精神亦无相悖之处。因此，究其实质而言，这位老师的“平等”观念是有些问题的：他可能无意中看低了服务员的地位，这恰恰与他一贯推崇的平等精神有所抵牾。

“平等”本是人际交往中自然表现出来的关系或情感，我们既不要将它弃如敝屣，也不必刻意而为。清代彭端淑在《为学》中说：“天下事有难易乎？为之，则难者亦易矣；不为，则易者亦难矣。”反其意而用之，我想，平等，“为之，则易者亦难矣”—— 刻意而为，这类原本容易做到的事情却可能变得难了。何止“平等”问题，诸如仁爱、关怀、公正、自由等有关教育的问题都是这样。发乎自然，出于本心，这才是最重要的。

我把这种构思方法称为“层进法”。先就那位老师的平等观说起，谈真正的平等应该是怎样的。然后谈及其他一些教育的精神或伦理问题。最后着重论述只有出于本性、表现自然的精神才是可贵的。行文有如钻探，且行且钻，且钻且深，应该能引领读者也随之思辨下去，渐有收获。

第三个例子，《成人更要有“一百种语言”》。

那天，我忽然接到外甥女的电话。她高兴地和我说，她带来来（她两岁大的儿子）回乡下，等公共汽车，但人太多，等了两辆都没能上去。她有些沮丧，来来却很认真地说：“妈妈，公共汽车不爱我！”她压根儿没想到，学会说话不久的孩子竟然说出这样的话来，先前沮丧的心情为之一扫而光。然后她打电话给我，像发现新大陆一样兴奋……

我为小外孙的聪颖伶俐而高兴，接着为我外甥女的兴奋而兴奋。幼儿一旦有了适宜的语言环境，语言发展的势头就会很好，他自然而然会拥有意大利瑞吉欧幼儿教育创始人马拉古奇所说的“一百种语言”。马拉古奇说：“儿童 / 是由一百种组成的，/ 儿童有一百种语言 / 一百双手 / 一百个念头 / 一百种思考、游戏、说话的方式；/ 还有一百种倾听、惊奇和爱的方式 / 有一百种欢乐，去歌唱去理解 / 一百个世界，去探索去发现 / 一百个世界，去发明 / 一百个世界，去梦想。”然而，也如马拉古奇所说，这一百种语言却被成人“偷走了九十九种，只剩下一种语言”。[①] 我们不能做这样的成人，我们本身也要有一百种乃至一千种、一万种语言。只有一种语言的成人是不会帮助儿童，相反会妨碍、阻挠、破坏儿童拥有“一百种语言”的。外甥女本科学历，是一般的知识女性，但她的兴奋足以表明她对儿子“一百种语言”的喜爱、怜爱和疼爱，表明她自身就有着很多种语

① 刘晓东 . 迎接“儿童的世纪”[J]. 幼儿教育，2002（4）：18.

言，表明她是个“善教”的母亲。作为一名教育研究者，我有理由对她所进行的家教寄予信任，送去赞赏。

成人的“一百种语言”当然不是或不只是很多种话语、很多种表达方式，它们更是丰富多彩的意趣，是多元包容的胸襟，也是对世界婴儿般的新奇，是一种“黎明心态”。然而这一切，我们成人丢掉了很多，常常为自己戴上一副厚重的面具，一副沉重的枷锁，变得未老先衰，变得寡情少趣。今天，成人更要有“一百种语言”，它们叫新奇、激动、兴奋、创造……

我把这种构思方法称为“汰选法”。外甥女的兴奋激发起我的“创作”灵感。我最开始想到的是儿童的语言问题，想到的是他们的发现。然后想到的是成人对这种语言的鼓励、保护和培植，还想到成人为人父母或师长的责任……想得很多，却一一被自己否定，因为这些可以说“前人之述备矣”。我必须另辟新径，另发新见，于是，我想到成人的“语言”问题，想到他的精神面貌以及对儿童世界的影响。我自然不敢说这样的思想为我独有，却可以凭着自己的阅读经验，也凭着长期思考之后所形成的一点儿理论直觉，判定它相对较有新意和深度。是的，即便是“马拉古奇们”，看到的更多的是成人对儿童语言的“偷走”，而较少看到、较少去直面成人自身的语言能力、语言风格等问题。换言之，这或许才是决定成人关于儿童的行为方式的真正“硬件”所在。而缺乏好的“硬件”，他们往往也无法形成或拥有好的“软件”—— 那股新奇、那种激动、那点儿兴奋、那些创造。

如果说叙事随笔更多的是带着你回望来路，细细欣赏、品味一路上曾经被你忽略的风景，那么事理随笔除了兼有这些作用之外，更多的是让你在一路回望之后坐下小憩，静心去咀嚼、盘点、提升内在的收获、感受，进而让你的心灵变得更为细腻、更加丰富、更有内蕴。它取之于事，品之于心，形之于行。我想，一个真正用心去写并且能写好事理随笔的教师，他的教育行为方式理应也能变得更为细腻、更加丰富和更有内蕴，他的教育生命理应能得到更为茁壮有力的拔节。

写事理随笔是“教师作为思想者”的一种自由灵动的思维体操。我们要努力做到敏锐地发现、大胆地批判、刻意地履新、逻辑地“雄辩”。此外，还要用较有内在逻辑张力的语言、合适的形式等加以表现。从思考到表达，这是有距离的。这种距离只有通过笔头“行走”才能缩小。

事理随笔易写而难工。就此，我想再谈三点意见。

第一，要读书。巴西教育家保罗·弗莱雷在他的名著《被压迫者教育学》中说：“我不能替别人思想，没有别人我也无法思想，别人也无法替我思想。”通过读“别人”的书，我们可以丰富自己的思想。目前，教师读书普遍较少。不读书，你的心理空间哪能宽裕？“螺蛳壳里做道场”，可以想见会是怎样的一种情形。好的事理随笔，或许只有千把字乃至几百字，但其背后却应站着一个饱学之士。钱理群先生强调大学生要为读书“沉潜十年”，是的，没有一段“沉潜”经历，你是很难在“事”中见到“理”的，即便见到了也会陷入“口欲言而未能”的窘境。

第二，要炼意。要把思维之钻探到“地核”的深处，也就是我们平常所说的，要善于透过现象看本质。“本质”到底是什么，很难说清道白。但我以为，思考问题到了底，沉到无法再沉的地方，大概就是本质所在了。我曾写过《警惕另一种“话语霸权”》(见本书第24页至26页)。一位青年教师在课堂上有些出格的表现，上级教育行政部门将他调任另一所差一些的学校，对此我们应该怎么看？论行政作为的是与非、对与错，固然可以；说青年教师应当加强自身修养，努力做好“人师”，也有道理……但这些思考浮于表面，并未触及问题的灵魂。我思来想去，最后想到，以不同寻常、特立独行的言行有意无意地影响乃至控制学生，这也是一种“话语霸权”，但它与人们常见的一味以陈旧观点、保守行为而影响或控制他人的“话语霸权”之表现有所不同。因为它是标新立异的，可谓“另一种‘话语霸权’”，在今天它尤为值得人们引以为戒。“吟安一个字，捻断数茎须”(唐代卢延让语)，“炼意”更是一件颇费脑筋的事，但让人痛并快乐着!

第三，要“纾气”。要用舒缓的语气或行文来表达内心的情感与思想。理直未必气壮，更不要剑走偏锋，说一些“过头”的、不适度的、缺乏理智的话，不要意气用事甚或逞强斗狠。有人说，没有偏见的思想哪能称为思想？我以为，我们至少不应该有意识地制造偏见，因为偏见是有违事理、有违真相、有违真理的。在老师们所写的事理随笔中，有一篇叫“追求教育特色，勿忘教育本色”。作者颇具才情，观点也不无道理，但一些地方的表达不够客观，缺乏应有的辩证尺度。如，“放眼当下中国教育，大有‘特色教育’盛行天下之势，好像中国教育存在的诸多问题，都能通过‘特色教育’迎刃而解似的。”“真正的教育哪里有什么‘大小’之分，教育只有真假之别。”“一时间，‘特色学校’遍布大江南北……正是导致近年来教育失败的根本原因……”其实，追求“特色教育”、创建“特色学校”，我们不是做得过了，而是远远不够。教育部原副部长陈小娅到江苏省考察时不讳言地说，江苏教育在许多优点之外有一大缺点，就是有千校一面的倾向，难以找到真正的教育特色或特色学校。依我对江苏教育的一点儿了解，我完全赞成她的判断。“特色”与“本色”并不矛盾，从一定意义上说，教育的“本色”就是特点、特长和特色。

事理随笔应该表现出一点儿雍容大度的气质，应该体现出一点儿科学求真的精神，这种气质和精神往往不宜用“嬉笑怒骂，皆成文章”的杂文笔法。我曾多次在《师道》杂志上发表随笔，该刊编辑部主任田爱录老师对我的随笔不无偏爱，她曾以“醉花荫”的网名在“教育在线”上发了一个帖子。在这里我摘录其中一部分，以此结束今天的讲座。

因为我主张平和的风格，所以有人说我编的稿件战斗性不强，火药味不浓，不能制造轰动效应。没错。我一直认为大叫大嚷可以暂时泄愤，却解决不了真正的问题。与其大声责难，不如悄悄帮助与引导。于是，许多文章一到我手里，惨遭修改，阿常的《炮轰中国教育学》被我改成了《悲哉，中国教育学》；管理员的《名师，你是个什么东西》，一经我手成了《名师，名师？》。标题如此，内文同样也受类似修理。那些嚣张的、偏激的、过火的文字，总被我改得绵里藏针，轻易不出格。是那么个意思，但就是让你看了跳不起来，骂不出口。但有一个人是例外的，他就是冯卫东老师。无论是《想起了陈章良与陆步轩》，还是《学校：不能成为“人生苦难的起点”》，那种不温不火、娓娓道来的耐心与沉稳，那种既明世事艰难又不失希望与努力的平和，那种看得明白、思得深透却又坦然的执着，深深地引起了我的共鸣。……这正是我想要的。没错，只有这种从容的心态，才能真正发出理智的声音；只有这样的手，握上去才是真的温暖；只有这样的教师，才能教出真正大气的学生。

【附】

警惕另一种“话语霸权”

冯卫东

以实力操纵和控制别人的行为，谓之“霸权”。本文所说的“话语霸权”，就是指教者凭借他在教学中绝对的主动地位和支配作用，牢牢操纵和控制师生间话语的内容、形式，尤其是思想倾向及观点，从而形成（实际上的）一言堂。

专制是霸权的特质，而它又是落后的代名词。所以，“话语霸权”一般表现为冷漠、粗暴、封闭和保守。举一个例子，教学莫泊桑的《项链》时，老师说：“本文借对主人公玛蒂尔德命运的叙述，批判了小资产阶级的虚荣心。”这是权威教参几十年来不变的观点，学生不得质疑或提出不同的看法，否则就会被教者视为异端，遭到批评。这就是一种典型的“话语霸权”。很显然，在文明程度不断提高的当代学校，它的消极意义和负面影响日益彰显，也越来越受到人们的反感和抵制。

与此同时，另一种“话语霸权”却在潜滋暗长，有时甚至大道直行。武汉市有位姓况的青年教师为他的学生出了一道作文题，叫“狗杂种，考试”（有关情况见《中小学管理》2002年第6期《谁之错？——透视由一则作文题引发的轩然大波》一文），依愚见，这就是另一种“话语霸权”。

当今的考试有没有弊端，师生可不可以对考试制度产生消极的情绪体验（如不满、讨厌、憎恶等），这些都是不辩自明的。我不隐瞒，自己对高三阶段日复一日无休止的训练亦有烦言，曾为此撰文批评，也曾有过想喊出“狗杂种，考试”一类话语的冲动。但我以及大多数同人更能清醒地看到弊后面的利（教师本身也曾是考试的受惠者），看到利弊共存的事实。即便有怨言，即便怨气冲天，我们还是能以较为理智和理性的态度，或者说为人师者应有的成熟心理去平息它、理顺它。由此反观，况老师的观点实在是偏激了点儿，幼稚了点儿，荒谬了点儿。

问题还不仅在于此。它的关键在于，我们怎可以强把己见当人见！你对考试不满，你有产生态度和在一定范围内发表言论的自由，但你怎么知道、怎能肯定你的学生对它也强烈不满，以为不值一钱呢？若干年前，语文报等几家报刊社联合组织“七彩阳光杯”全国中学生作文竞赛，一篇题为“高三赋”的作品最终夺魁。作者激情澎湃地描写了高三备考“火热的生活”，表现了以苦为乐的思想。（通读全文，毫无矫揉造作之感。）这，就是一个很好的“反证”。

中学生正处于心理不断成熟的阶段，理性思辨色彩与日俱增，不少同学看问题比较辩证，他们对校园内外的一些偏颇、过激言论和行为不认同，也不看好。对况老师出的这道作文题，就有一位栗姓女生拒写。是不是其他同学都一边倒呢？我看也未必。有的可能仍习惯于你出题、我来写的教学模式；有的可能受制于从师、从众心理，乐当传声筒，不愿细思深究；有的则可能是敢怒不敢言……总之，对考试这样一个本来可以见仁见智、各抒己见的话题，况老师实在不该以不容置疑、定于一尊的威严要学生跟他喊出同一种声音。

摒弃公众见解，打破传统观点，在标新立异中以个人的力量（如职务位置、人际关系中的特定角色、既有威望等）施与别人一种强力影响，或者更直接地把一己之见“塞”给他人，是另一种“话语霸权”的表征。由于它不是以因循守旧、人云亦云的老面孔出现，而是以“求异”“创新”的姿势登台，因此在瞬息万变的当今时代，往往没有也未能引起人们的警觉和反对，甚或还会博来阵阵喝彩并因而声威大壮。

我想起一位著名语文特级教师。他的课上得有声有色，引人入胜，一扫沉闷窒息的空气。这主要缘于他层出不穷的课文新解。上《雷雨（节选）》，他“从周朴园与鲁侍萍相认的场面中发现了人性美”，“从这里分明读出了黄昏恋的味道”；上《荷塘月色》，他发现“‘这几天心里颇不宁静’，朱自清‘不宁静’的原因很简单，就是同老婆吵了架”……这位老师学识广博，个性狷介，为我等心仪，但对他的观点尤其是对此处所表现出来的教学作风，我不敢苟同。前者无形中钝化和歪曲了经典剧目弥足珍贵的批判锋芒——也正是它的最大价值所在。当然，我不反对“周朴园之举也有人性因素在”等观点，但仍然以为这与“人性美”之说相去甚远。后者在不自觉中又逼近和陷入庸俗解读的境地。恕我言重，更为严重的是，作为一位备受欢迎的名师，他的每一个观点都有可能深入学生的心田，包括以上两个似有刻意反弹琵琶之嫌因而极有可能违反了作品本真的观点。学生受此影响，是否会认为世上绝无权威和真理可言，对文学作品的理解本来就无对错之分，尽可以随心所欲、任意而为呢？如果真是这样的话，那么在“教学创新”的背后，我们却走向了不应有的简单化、粗暴化，并且导致了浮躁冒进、华而不实的学风，导致了向过去时代那种“怀疑一切、否定一切”思潮的回归与倒退。文艺作品发表后就不再是作者的私有物；同样，教师的观点向学生亮出后，也不再为他个人所有。从这个意义上说，教师在观察世相、分析作品的时候，既要致力于创新，也要切记“实事求是”“深思慎取”的古训。否则，我们真情捧出的“新生儿”，可能早已不幸染上“心律不齐”一类的症候。

同属“另一种‘话语霸权’”，但它们也有不同之处。前者有明显的强迫性、威压感；后者则是在一种（看似）宽松、融洽甚至“民主”的氛围中实现的，所以有较强的悦纳感，可以称之为“仁慈专制型”的“霸权”。而不管是哪一类、哪一种“型号”的“话语霸权”，都以偏于一隅的狭隘、自以为是的独断等为本质，因而也都在为真正民主的教育教学所鲜明反对的行列……

»本文发表于《教师之友》2002 年第 10 期，收入本书时有改动。

| 第二讲 |

在理性的表述中组建灵魂

——谈教育论文写作

与其说会写，不如说会想；与其说写作水平高，不如说思维品质好。归根到底，要写好文章，要从学习思想的方法、养成思想的习惯、蕴积思想的内涵开始。这才是真正的治本之策。

教科研

我们来看三位名人或名师关于写作的一些话。

第一位是余秋雨先生。他说："一个不被挖掘、不被表述的灵魂是深刻不了、开阔不了的。不被表述的灵魂无法不断地获得重组。不断地表述实际上就是在不断地组建自己的灵魂。"教师的教育灵魂同样需要通过表述来组建或重组。

第二位是李镇西老师。他说："校长与校长、教师与教师之间在学习、实践、思考方面的差距并不大，差距在于写作。"我以为，在学习、实践与思考等方面，人与人之间本来就存在着差距，甚至差距还不小；而写作则把差距拉得更大。

第三位是上海市优秀校长郑杰先生。他说："逼教师写文章，就是逼教师思考，写作就是条理化地思考问题的过程，这个过程一开始是痛苦的，坚持下去就成了一种生活方式，成为一种快乐。"这是一位校长有关管理的经验之谈，触及教师专业成长的一个十分重要的关节。是啊，完全不写文章的教师，怎能奢望他有很多思考，他又怎能让自己平时零零碎碎的思考化零为整，而成为一种思想？一位名师说，当他觉得思想混沌一片时，就拿起笔来。是的，动笔去写，会使你混沌的思绪变成清晰的思想，而教师恰恰是需要用思想来支撑的人！

这里我讲三个方面。

一、论文写作诸种问题扫描及问题症结揭示

我把论文写作中的问题归纳为五种，并都用整齐的句式加以概括。

（一）老套——桃花依旧笑春风

这类论文总是呈现出一副老面孔，没有什么新意。它所阐述的一些

内容若干年前或许已经被人们说过乃至说透了，现在作者依然喋喋不休，“重复昨天的故事”。就像唐代崔护在《题都城南庄》诗里所说的：“去年今日此门中，人面桃花相映红。人面不知何处去，桃花依旧笑春风。”读者想见的是那个“美人”，而“美人”未曾出现，出现在大家眼前的是和去年没什么两样的“桃花”。

一位老师写了一篇文章《学生非智力因素的培养》。一见题目，你自然不会产生一点儿翻开一看的兴趣，因为这个问题早就无须多言。在20世纪80年代，燕国材教授等人率先提出“非智力因素”的概念，并就此做过深入的探讨与研究。时隔30多年之后，再说这个话题，几乎没有办法不步人后尘。全文分三点：第一，培养数学兴趣，维持学习动机；第二，坚持求索，锻炼学生的学习意志；第三，优化教学，培养学生良好的学习习惯，包括预习习惯、学习习惯、听课习惯、复习习惯和归纳知识的习惯。全文了无新意，即便对作者而言应该也味同嚼蜡。

取材或内容老套，实则说明它们并非作者所研、所思的结果。倘若真是他独立思考与研究的结果，那么多少会有些新意，因为思想是心灵深处的风景，而“世界上没有两片完全相同的树叶”。

（二）大话——“气吞万里”乃“纸虎”

不去研究、很少表述的人平时自然不会眼观六路，耳听八方，他的信息量相对较少，不清楚外界是怎么回事。因此一旦要写作，他反而有可能高视阔步，以为什么都可以在自己的股掌之中，什么都可以简单处理。于是，目中无人，大话连篇，看似有气吞万里之势，实则是一只外强中干的纸老虎，真是“无知者无畏”。

一位小学老师发表了《教学策略的理论探析》一文。这是一个很大的论题。作为普通一线教师，我们应该有足够的自知之明，研我能研，说我能说。这位老师未尝不可就具体教学策略做一些研究和论述，可他不是这样，而把对象锁定为“教学策略”这个大问题、大概念，而且要探析它的理论。他显然是蹚入了深水区而不自知，以为在这里也可以嬉戏、弄潮。

开头他是这样写的：“本文试从‘教学策略理论’这一层面切入，进行理论探索，力图使教育同人形成共识，更有的放矢地探讨一系列有效、具体的实施方案或方法、范式。”出言甚是霸气，似有“一文定乾坤”之意，我不禁要问：你何以“使教育同人形成共识”？大家如有异议、异见，又将怎样？

作者下文谈到四个理念：一、活动性教学策略理念；二、生活性教学策略理念；三、合作性教学策略理念；四、民主性教学策略理念。其中的每一个理念都是一个很大的问题域，对此他当然只能加以拼凑，并浅尝辄止。

文末，他写道：“笔者对教学策略进行理论探析，目的是更清晰地确立新课程框架下的教学策略理念，以指导我们的教学实践，使其不致偏离方向。同时，让课堂教学实践活动更符合时代精神，使孩子们的学习充满生命的活力，从而达到健康、茁壮成长的最终目的。”全文到处充满着“不自量力”的味道。

这样批评，或许让人觉得我对一线教师不敬。其实，我“不敬”的不是这个“人”，而是这种夸夸其谈的文风——它其实也是一种学风，一种思想作风！

“大话”在这里还指大角度、大切口，作者不愿意也不善于论述一个较小的却有着丰富的实际价值的问题。著名学者陈平原教授说：“小题小做，可以做得小巧玲珑，但没有多大意思；大题大做不是博士论文所能承担的，那要花一辈子精力；大题小做，最怕的就是这个，写杂感可以，做论文不行。比较合适做博士论文的——对，写学位论文，就是‘小题大做’。”做博士论文，选题或切口尚且要小，反对大题大做，我们平常写一篇主要指向教学实践操作行为的论文，又怎能把选题的角度张得大大的？

以一篇在省级论文比赛中获二等奖的作品——《浅谈如何让语文课堂

动态生成更具价值》为例。作者分四个方面进行论述——

一、紧扣表达细节，让生成拥有内在源头

二、践行互文认知，让生成走向广阔空间

三、聚焦追索理答，让生成迈向文本纵深

四、发挥导学职能，让生成规避价值偏差

能获奖，说明它有一定的价值；但未能获更高奖项，又表明其价值有限。主要问题应该在于，分四个方面论述“课堂动态生成”这个已然不够新颖的话题，涉及面过多、过宽，如果只就其中一点（如第三点）深挖，自然会有一些新意和深度，文章品格也会上一个档次。可见，新意与深度是有关联的两个维度，许多论文的新意就是在聚焦深挖中渐渐显露出来的。

（三）跟风——多少“豪杰”浪淘尽

每个时代、每个时段都会有它的特定话语，它会深深地影响和改变人们的思维方式，包括言语内容、表达倾向。教育教学同样如此，在一定时期里出现新的理念、新的概念，然后为许多人接受、传播和应用，这些都是正常的现象。然而，我们还要反对跟风现象。跟风与倡导、推行新理念、新思想不是一回事，因为它是缺乏理解、没有原则、没有“主脑”（“主脑”为清代戏剧理论家李渔语，这里指能起统领作用的主要思想）、人云亦云的行为。跟风行为成风，恰恰说明教育者没有独立的价值观，没有真正属于自己的脑子，这必将对其实践行为产生消极影响。

教育行为上的跟风必然会波及、影响教育言说（包括教师论文写作）。在这种跟风之风中，有无数的论文虽有机会公开露脸，最终总逃不出随风飘逝的命运。

《让学科核心素养在初中英语课堂落地生根》就是这样的跟风之作。作者分四个方面进行论述，其中二、三两个方面又分为几个小点——

一、英语学科核心素养概念的界定

二、培养学科素养，注重提高学生在课堂学习中自主的程度、合作的效度和探究的深度

1. 提高自主学习的程度。2. 提高合作学习的效度。3. 提高探究学习的深度。

三、培养学科素养，着力打造“一个中心，两个基本点”的日常英语课堂

1.“一个中心”，就是每节课都要以学生的综合能力培养为中心。2.“两个基本点”，就是坚持依标施教，坚持体现英语学科的人文性、综合性、开放性和实践性。

四、培养学科素养必须改变课堂教学的组织形式，创造因材施教的教学环境

这篇论文的问题很多。它几乎涉及当前英语教学的所有方面，无所不指，却了无己见。犯了“幼稚病”，“学科核心素养”又岂是一般教师所能“界定”的？有些语言类似于“社论”（“一个中心，两个基本点”）……2016 年《中国学生发展核心素养》发布之后，紧随其后而又无病呻吟的文字何其多也。不是不可以论说这些热点问题，而是论者必须有自己的“主心骨”；要基于对有关热点理论的深度学习、充分理解来展开论述。

（四）含混——乱花渐欲迷人眼

这是从具体表达的角度来说的。一些教师的论文真是“脚踩西瓜皮，滑到哪里算哪里”。自己没有一条比较清晰的思路，不知道到底要说些什

么、表达什么意思；也没有弄明白，先要说什么，然后说什么，各部分之间有怎样的关联，自己又怎样把这些关系或关联性给揭示或阐述出来。表达的含混实则说明了思想的模糊，问题的根子出在作者的思维或思想上。

我们来看《数学后进生转化略谈》一文。作者分三个大方面加以论述，其中一、二两个方面又有若干小点——

一、注重培养后进生对数学学习的兴趣，激发他们的学习积极性，使他们主动接受教育

1. 数学是一门具有科学性、严密性的抽象性学科，因此教学时应加强教学的直观性。2. 应加强教学语言的艺术应用，让教学生动、有趣。3. 应注重情感教育。

二、培养后进生自觉学习的良好习惯，传授正确的学习方法，提高他们的解题能力

1. 布置作业，注意控制难度。2. 注意启发式教学方法的应用。3. 对后进生提出严格的要求，督促他们认真学习。

三、认真把好考试关，注意培养后进生的自信心和自尊心

一篇两三千字的文章几乎要穷尽有关后进生教学的所有问题，岂能不捉襟见肘？作者先说兴趣培养，再说习惯与方法养成，最后说要把好考试关。这三者之间的关系若即若离，而且它们也不在同一个逻辑层面上。前两个方面说的是有关学习或教学的几个要素，最后一个方面直指教师教学的一种具体操作行为，彼此之间缺乏应有的匹配性。从每个方面的内部来看，也很成问题。一是所关涉的小问题太多。如，在第一个方面中，就有直观性、语言艺术性和教学情感性三个小点。这每一个小点其实都可以做成大文章。可以想见，此处的论述必然是蜻蜓点水式的。用一位刊物编辑的话说，这叫作"一公分论证"，它长不了，也深不下去。二是手段大、目的小，手段与目的之间不相称。就第二个方面，难道习惯的培养和方法

的传授只是为了提高解题能力吗？而在这一方面所包括的三个小点上，表达也十分混杂，先说作业布置，再说教学方法的应用，两者的程序被颠倒了。这两点说的是具体教学组织行为，最后一点又说到提出要求，督促学习，它应该是贯穿教学全程的事，怎能与前两个具体教学组织行为“并驾齐驱”呢？

再来看第三个方面，把好考试关与自信心、自尊心的培养有较为直接的或必然的逻辑关系吗？没有。有时候，教师如果以铁面判官的角色或姿态去要求后进生，“把好考试关”，恰恰会让他们落得一个差分的结局，让他们或许尚存的一点儿自信心、自尊心彻底消失。所以，考试作为一种评价学生的方法，有时需要有一定的灵活性。我若干年之前就提出，作文赋分可以“相反相成”，即对一贯表现优秀的学生，可以适当从紧，促使他们严于自律，更上一层楼；而对平时水平较低的学生，可以适度放宽标准，促成他们树立信心，迎头赶上。这同样适用于数学考试，有时甚至可以让学生向老师“借分”，在以后的考试中再“还分”，以此来鼓励和激励他们努力学习，改变现状。而无论是上述哪一种情形，都不能说是“把好考试关”，作者所说的手段与目的之间有着较强的悖反性。言重一点儿，这是一篇“满纸荒唐言”的废文。作者也不可能在后进生转化方面寻得良方，探得妙径，取得佳绩，要不然他只要如实道来，就可以写出一篇有些价值的文章。

可见，论文写作绝不只是笔头上的功夫，也不只是思想上的功夫，它也关系到一个教师的行为方向或行为方式，等等。

（五）做作——细腰饿死求王好

回顾自己30多年的教育写作历程，过去我写过一些矫揉造作、无病呻吟、为文而文的文章，现在每每告诫自己，为文要真诚，要从心底里流淌出来。随着时间的流逝、教育阅历的丰富、教育理解的逐步深刻，自己“做”文章的痕迹越来越淡，但也不敢保证这种风气就不会于有意无意之间抬头。“做”文章比较容易，不“做”文章很难，这是一种“化境”，了无斧痕的文章只有真正的大家才有功力去写成，却应该成为我们每一位作者的追求。著名儿童文学作家严文井先生说，自己不知道为什么越到老年，越把文章写得干巴巴的。我以为，这不是自贬，恰恰是对自我写作风格转变的一种肯定、一种自豪。“干巴巴”不是没有货色，没有内容，而是删繁就简，趋向自然，淡而有味，意味隽永。由此我想到，各科教学论文的写作，虽然未必都要做到“干巴巴”，却要将修饰的东西减少一点儿，再减少一点儿，努力做到“豪华落尽见真淳”。论文写作毕竟不同于文学写作，它用的主要是逻辑思维，是理性语言。当然，即便是文学写作，也要反对铺张、矫饰、作秀，如巴金所说，“最高技巧是无技巧”。

我想起两句诗：“楚王好细腰，宫中多饿死。”在这里，它喻指改变自然状态，刻意求工，因而以形饰实、以文害意等一类情形。这可谓教育论文写作中的一种“富贵病”。有这种“富贵病”的人往往已经有了一定的写作成果，甚至是文章高手。我读过一篇论文，作者的水平挺高，令我钦佩。题目是“生命意义在作文教育中的消解与重构”，其中的第二部分为“重铸人文精神：作文教学的救赎之途”，分四点加以论述，即“在生命关怀中唤醒人格”“在人格唤醒中张扬个性”“在个性张扬中提升自我”“在自我提升中获得新生”。看这几个小标题，我觉得有些做作，作者过分追求语言的整齐，标题之间用语故意重复，所用修辞手法类似于“顶真”。作者似乎不是用小标题表达自我内心所思，而是为了以语言的整饬之美来抢读者眼球。我和作者交换意见，他也承认，说自己写作的过程特别艰难。我说，你觉得艰难是因为你已经用精美的语言编制了一个虽精致但很小的框架，然后再把自己很多的思想或内容拼命地往这框子里塞，这就难免有削足适履、以形伤实之嫌……小标题等注意追求语言的整齐固然没错，但它必须服从、服务于思想的表达、内容的阐述，如果不利于后者，那么宁可用散一点儿的语言去表达。

做作当然不只是语言表达上可能出现的倾向和问题，它同样可能出现在思想的表达、观点的阐述和内容的呈现等诸方面。不管在哪个方面，我们都要尽力地消除或远离它。

论文写作中容易出现的弊病远不止这些，而更多的问题应该都与这五点——“老”“大”“跟”“混”“做”有关，或者说是它们的“变种”。另外，这五者之间往往也是紧密相连的，可谓“一损俱损”。

二、论文写作成功案例举隅及成功规律归纳

他人受了什么触动或启示，是怎么构思的，又如何谋篇布局，等等，这些我不可能知道，因此不好说。我只能以自我为例了。可是称自己的论文为成功之作，或许会授人笑柄，请读者理解、谅解：一是因为它们都在正式刊物上发表了，受到编辑的认可；二是因为自己对此确有一点儿敝帚自珍的情结；三是我总不能以自认为不成功的作品为例来“现身说法”。

针对第一部分提出的五类问题，下面，我也一一对应地归纳、揭示出五条“成功规律”。

（一）新颖——独上高楼望天路

论文写作是非常忌讳拾人牙慧的，别人嚼过的馍没有滋味；第二三个把女孩的脸比作苹果的人，不仅不是天才，甚或是庸才乃至蠢材。你一定要有新意，努力“独上高楼”，向远方瞭望，看到他人眼中没有的风景；你不要扎人堆，凑热闹，而要绕过闹市走曲巷，这样的地方一定会有新异的东西。

如何才能有新意？我的体会主要有两点。第一，一定要自己去想，自己去说。多在脑子中过滤一番，多在心灵里拷问一下。如果你能基本保证

你的思想甚至每一句话都是发自肺腑、流自心间的，那么它应该就是新的。因为在一个相对比较自由和开放的社会里，每一个人的所思所想都会烙上独一无二、不同流俗的印痕，这些就是新的。总之，真（诚）的往往就是新（颖）的。第二，在可能的情况下，要尽量抢一个节拍，努力做到当机立断，快速反应。有的老师也有一些好主意，但总喜欢“捂盖子”，在脑子里盘算，不写作，不“发手”。到了他自认为思想非常成熟的时候，早已有人抢占滩头，原来很新的东西已如明日黄花。

举一个有点儿“老”的例子，它在当时却绝对是捷足先登，略领风骚。《江苏教育研究》2004 年第 9 期刊登了我的《关于课改课的六个“勘误”》一文。所谓“课改课”，就是在新一轮课程改革过程中老师们所上的有着鲜明课改意识和色彩的课；所谓“勘误”，就是对在这一过程中有些课已经暴露出来的一些明显的问题乃至错误所进行的一些纠正。其时，小学课改才推行一段时间，初中刚刚进入，高中还在酝酿准备阶段，我比较敏锐地发现了若干问题，并予以总结、揭示。此后，我见到不少相关文章，它们涉及的往往是我所指出的若干问题中的一部分，而在思想的深度等方面，也少有超出于我的。

这篇文章从六个方面加以论述。

一、弱化科别，无限综合

二、动辄交流，太多合作

三、模糊是非，一味表扬

四、渐退次席，逐步逊位

五、远离教材，远程发挥

六、情境设置，违情悖理

我写了平时进入课堂时所看到的一些课例，并对问题的成因、症结以及改进的路向等进行了分析，予以论述，既有事的举陈，也有理的阐发。

时至今天，其时所指出的问题依然存在，有的还较为普遍。譬如其中的第二点，有不少的课，不管有无必要，是否可行，只要抛出一个问题，教师立马组织学生进行交流，学生思维应有的独立性未能得到很好的保护、培养与发扬。这对学生的未来发展也是不利的，广大教师和研究者至今仍有必要就此进行辩证思考和必要改进。

（二）小巧 —— 开窗放入大江来

“小巧”与前面的“大话”并不完全对举。“大话”的意思主要是装腔作势或故作高深。当然，它也有泛泛而谈、大而失当的意思，就这个意思看，它与“小巧”是对举的。

论文选题和切口应努力追求小巧。鲁迅说，角度要小，开掘要深。小角度便于深挖掘；你可以没有较大的视角或视野，却要有较大的深度，没有一定深度的论文不是好的论文，甚至不配称为论文。我说要追求“小巧”，巧不仅是视角好、立意新，也指要在小视角里把新的立意阐述得较为通透、深刻，有较大的“景深”。正如古诗所云，“开窗放入大江来”。窗子是精致小巧的，窗子前面的景象、窗子里面的内涵却不一般。

以《语文教学通讯》2008 年第 10 期上的《消除“硬伤”：有效教学的一个基点 —— 以一堂公开课为例》为例。

一位青年教师在全省一项赛事的颁奖活动中执教了这堂课，上的是钱钟书先生的夫人杨绛的《老王》。老王是一个蹬三轮的车夫，孤苦伶仃，极为贫困，但他对在“文革”中落难的作者夫妇十分照顾，死前一天，竟给他们送来香油和鸡蛋。他死后几尺白布裹尸，非常凄惨……作者于文末表达了自己作为“一个幸运的人”“对不幸者的愧怍”。

这位老师上课时出现了三处“硬伤”，即三处明显有违于客观，或者有违于规律，属于常识范畴之内的教学失误行为或现象。

其一，以课件出示“初、高中教学同一篇文章不同的侧重点”。教者认为，初中生只需平面化理解人物，高中生却要立体化理解人物。这样理解没有依据，显然是错误的；即便它是正确的，教者也无须把教学目的直白地呈现于学生面前。苏霍姆林斯基说："教育意图要隐蔽在友好和无拘无束的相互关系气氛中。"

其二，在整堂课中，教师都在非常费力地、强拉硬扯地带着学生完成一副其实十分勉强的对联，以此概括两个主要人物的性格、命运，最终揭示全文主旨："本色老王悲惨中坚守善良穷不独善其身，至真杨绛善良中坚守反省达则兼济天下。"如此概括人物的身世遭遇、性格精神等都不够妥当、贴切。纵使它是妥当、贴切的，也只能说明，教师在做一件"奉送真理"的事。

其三，教师在课末花了十分钟左右联系到和谐社会建设的话题，联系到"感动中国2005年度人物"中的两位（魏青刚、王顺友），并且要求学生根据画面和颁奖词把这两位人物的形象鲜活地写出来。其间，教师用课件呈示出三句话："氧化冷漠，还原温存；氧化施舍，还原真意；氧化傲气，还原平和。"最后，布置了"调查本地外来人口的生活状态"的课外作业。这些内容与文章的主旨缺乏关联，是完全外在于课文核心或主干内容的一种不恰当、不必要的拓展与延伸。

我在陈述了上面的事实之后，指出它们都属于教学的"硬伤"，并揭示"硬伤"的特质。在文章后半部分，我重点阐释了"硬伤"的成因。

一、教师缺乏应有的专业素质和教学论素养，缺乏必要的教材和教学把握能力，自己对文本的理解比较肤浅，有偏差……

二、教师缺乏必要的校本教研与必要的经验传承……

三、教师对新课程理解偏颇，特别是对"用教材教，而不教教材"的观点存在误解，所以才会出现一些没有必要、不着边际的远程发挥……

在此基础上，我还谈到若干化解上述弊病的对策；并指出，鉴于目前有相当多的教师不会上课、“硬伤”较多的现实，校本研修要放低身段，首先致力于消除教学中的诸种“硬伤”，确保教学达标。这是有效教学的一个基点，失此，教学的有效性就失去了最基本的保障。

这样的论文并不高深，不少一线教师都写得来。我以此为例，意在倡导大家多去写一写基于课例分析与研讨的论文。千万不要小视这种微观形态的研析。孙绍振先生说，不论在自然科学还是在经济科学，乃至于管理科学，微观分析都绝不是小儿科，而是大学问。他说，美国声名赫赫的工商管理硕士，一些名牌院校（如哈佛大学、西北大学）的教学，就是以个案分析为主的，甚至连毕业论文都可以省略。作为一位著名学者，孙先生“把生命奉献给了个案分析”，他对中学语文教材中的许多文学篇目进行了独特而精到的个案分析，在国内中语界以及文学研究学术领域都产生了极大的影响。

我的这篇论文说的是一堂课，是这堂课的若干侧面，所以切口自然不大，角度相当小巧。但也不可小视它的价值，因为它既有基于课例的一面，更有超越课例的另一面：由课例析论入手，从特殊到一般，“抽象”出对一类现象的理性认知，进而上升到教学论的高度加以阐述；并且提出了一个关于有效教学“基点”的较新论题及论点，对更多的中学语文课乃至其他学科教学都有一定的启示作用。

（三）逆向——反弹琵琶舞翩跹

“反弹琵琶”原为一种高超的演艺，演艺者一边舞蹈，一边把琵琶放在背后，用手去反弹，乐声优雅，舞姿翩跹。后喻指逆向思维，从反面去论说。

逆向思维是一种独特的、常能创新的思维方式。著名特级教师钱梦龙说，当人们墨守传统教学方法时，他就开始了教学创新；而当人们纷纷言说和致力于教学创新时，他却回归到教学传统之中，挖掘和利用其积极的因素。钱先生说的是，用逆向思维突破教学限制，我们当然也可以用逆向思维构思和写作论文。

我这里以《“办人民满意的教育”四问》为例。党和政府有此号召，各级教育行政部门也在为此不懈努力，许多学校亦以此作为追求的目的或方向。这一观念深入人心，对促进当代教育的健康和谐与可持续发展起到了一定的积极作用。对此，我是深表赞同和支持的。但它毕竟是一种号召，而不是一个严格意义上的学术观点。而大凡号召都有较强的鼓动性、渲染性，作为一个教育研究者，我可以就此进行一些理性的思辨或学理的探究，可以转到它的背后去冷静地考量一番。这也可以视为从另一个维度和视角对它所做的一点儿支持。

我的“四问”是：

第一，人民满意什么样的教育？不可讳言，很多人满意的是高分数、高升学率的教育，其本身有可能是应试教育，或者至少包含一定的应试教育成分。在素质教育与应试教育之间，一些人或许更满意于后者，因为这能满足他们对短期教育效益的期待；而素质教育（如全程开齐、开足、开好所有规定课程，全程坚持劳逸结合而不加班加点，等等）未必有利于升学成绩、升学率的大面积、大幅度提高。“非常”的成绩往往是通过“非常”的努力获得的，而“非常”的努力中一定有一些非科学的、违规律的 —— 非素质教育的因素。

第二，“人民满意的教育”一定是对的教育吗？这与前一问既有关联也有区别。在这一部分中，我重点论述了，教育在合目的性的同时还要追求合规律性。我们既要从实际出发，“正确地做事”，也要“做正确的事”，这样的事是着眼长远、功在千秋的。

第三，教育究竟要满哪些“人民”的意？“人民”是一个相对笼统的概念，它有着十分丰富而复杂的构成，“人民”之间的意见、观点有可能不一致，甚至激烈冲突、根本对立，为一部分“人民”所满意的教育却有可能让另一些“人民”失意。在此情况下，教育不可以简单地以“少数服从多数”的原则去处理，因为真理很可能掌握在少数人的手里。

第四，不唯“满意”是瞻，我们还要做什么？在这一部分里，我重点论述了教育自身的独立性问题，论述了“教育的目的是它本身”，正如“人是他自己的目的”（康德的观点）一样；谈到教育工作者在对人民的意见从善如流的同时，也要敢于、善于当仁不让，敢于、善于独立思考乃至特立独行……

这篇论文近8000字，发出去一个月之后即发表于著名教育刊物《教育参考》，引起了一定的反响。现在想来，关于这个话题，还可以有更多的究问。我相信，真理越辩越明，在这思辨、探究与考量之中，更多的人会生成理性，生长智慧，这对最终办成“人民满意的教育”理应是有益的。

为逆而逆的论文最后骗不了、逃不过读者的眼睛，只能自取其辱；而如鲠在喉、不吐不快的逆向思维论文往往能以情感人，也能以理服人，以智悦人。从这个角度看，要写出好的逆向思维论文，不仅要“炼眼”——敏锐地发现问题，“炼意”—— 巧妙地提炼思想，“‘炼’笔”—— 反复地锤炼表达，而且要积蓄精神内涵，丰富思想世界，拓宽人文胸襟，“养吾浩然之气”（孟子语）。

有一位青年学者说，不偏激的想法不能称为思想，不偏激的思想也不是好的思想。我则认为，偏激的思想必然会在一定程度上漠视客观事实，误解内蕴规律，偏离正确方向，导致错误结果。写反弹琵琶的教育论文亦忌偏激，因为论文要用事实说话，要以理性开道。它不等于杂文或时评类小品文，即使是后者，在热辣辣的言辞或情感的背后，也要有尊重事实、服膺真理的真心与诚意。要做到不偏激，我们就要更多地考察事实，更深地研究事理，更严谨地进行论证，更小心地求得结论。胡适先生倡导“大胆假设，小心求证”，这也适用于我们进行逆向思维。有些假设是经不起小心求证的，这时我们要敢于否定它们，抛弃它们。

（四）严密 —— 小弦切切如私语

一些论文，视角较新，点子不错，最终的结论也有道理，但在进行逻辑推理、展开具体论证时，却较为粗疏，各层次之间跳跃性较强；或者有些紊乱，内在的条理性较弱、较差，这就像一块上好的材料，不曾经过良工巧匠的精心制作、打磨，未能成为一件好的工艺品或艺术品一样。

论文写作要追求论证过程的严密，“小弦切切如私语”（白居易语），要努力做到丝丝入扣，语语精当。这除了有赖于平时积淀的功底 —— 没有较好的功底，论文写作必定粗枝大叶或自乱阵脚，也要靠具体写作过程中的反复比较、推敲、揣摩、修缮，“一字未宜忽，语语悟其神”（叶圣陶语）。要常常扪心自问，问问自己这一个字是否妥当，这一句话是否熨帖，这一段是否立得住脚，这一部分内在的关联是否紧密，等等。写作必须有定力，要耐得住寂寞，要经常和自己开展悄无声息却实在有效的对话。从一个好点子，到一个好结果，其间还有很长的一段距离，我们需要一步一个脚印，积跬步而致远方。

我每每写出自己比较满意的论文时，就能感觉到其中的绵密。十几年前，我还是一名一线教师，写过一篇事理随笔 ——《警惕另一种“话语霸权”》（见本书第 24 页至 26 页），在表达的绵密上，它有一定的代表性。这篇文章说是随笔，其实也是一篇论文，随笔与论文之间没有判若鸿沟、非此即彼的差别。好的事理或论理随笔，只要有一定的理性深度、篇幅规模等，应该可以归入论文之列。

下面我以这篇随笔（论文）为例。

因为题目中出现了一个核心概念“话语霸权”（或“另一种‘话语霸权’”），因此开篇我便单刀直入，直涉这一概念 —— 先解说传统和一般意义上的“话语霸权”是什么。

接着，简要引述一段新闻材料，然后反观新闻主人公况老师的行为特点 —— 偏激、幼稚和荒谬；再进一步，直言批评他“怎可强把己见当人见”。

这时，该让“另一种‘话语霸权’”亮相了。“摒弃公众见解，打破传统观点，在标新立异中以个人的力量……施与别人一种强力影响，或者更直接地把一己之见‘塞’给他人，是另一种‘话语霸权’的表征。由于它不是以因循守旧、人云亦云的老面孔出现，而是以‘求异’‘创新’的姿势登台，因此在瞬息万变的当今时代，往往没有也未能引起人们的警觉和反对，甚或还会博来阵阵喝彩并因而声威大壮。”这段文字，简明而又生动地刻画或描述了“另一种‘话语霸权’”的特征，扼要而又深刻地比较了两种“霸权”的异同，意在引起人们对后者的严重关切和高度警惕。至此，“另一种‘话语霸权’”的本质已经昭然若揭，全文的主要思想也基本上得以表现。

之后，我举出一位特级教师的例子，并紧接着指出：“教师的观点向学生亮出后，也不再为他个人所有。从这个意义上说，教师在观察世相、分析作品的时候，既要致力于创新，也要切记‘实事求是’‘深思慎取’的古训。否则，我们真情捧出的‘新生儿’，可能早已不幸染上‘心律不齐’一类的症候。”这一段与“另一种‘话语霸权’”似乎无涉，实际上却在暗中承续着先前揭示这种“霸权”特征的文字，是对这段文字的呼应和进一步印证，因此文脉若无却有，似断实续。至此，“另一种‘话语霸权’”的本质特征已和盘托出，显露无遗。

最后，我又比较了况老师和这位特级教师的行为的不同之处。它们同为“另一种‘话语霸权’”，但前者属于“冷面专断型”霸权，后者则属于“仁慈专制型”霸权。我指出，“不管是哪一类、哪一种‘型号’的‘话语霸权’，都以偏于一隅的狭隘、自以为是的独断等为本质，因而也都在为真正民主的教育教学所鲜明反对的行列……”这一段显然不是对全文核心内容可有可无的补缀，因为有了它，立意更上一层楼，境界开朗豁然。

说这些，似乎不无王婆自美之意，贻笑大方了。我想通过对一篇较短论文作品的微观分析，与大家一起探讨，在论文写作过程中如何实现逻辑推进，如何实现内涵与意蕴的层层递升。或者说，作为作者，我们如何思考与言说，怎样才能做“雄辩者”—— 拥有并善于论述自我思想的人！

（五）自然 —— 一泓清水出芙蓉

以手写心，以手写行（实践），论文才能有生命力。

一线教师的论文不是什么高头讲章，一般不会讲多少高深的理论，往往说的还是自己在教学行走过程中的所为、所悟、所得，它所阐述的理论往往是“实践性理论”，我们不宜轻忽、淡化乃至抛弃应有的实践性品质、应有的朴素清新的风格。“清水出芙蓉，天然去雕饰”，这看似容易，其实很难，但你要努力朝着这一方向迈进，努力不让读者感觉你是在“做文”乃至“榨文”；也不故弄玄虚，把本来比较浅显的道理说得让人莫名其妙，如堕五里雾中。

2000 年，我写了《“对话”，为我赢得了成功》，该文获《语文学习》组织的全国中学作文教学征文比赛第三名。征文要求读者写自己在作文教学方面的创新之举及自我思考。看到征文启事时，我便努力回忆在过去十几年的教学中哪一次经历最富创意，或者最难以忘怀。瞬间，我想到了一件事。

那次，我给即将毕业的初三学生命了一道题——“十年之后忆今天”，要求学生写一篇较为复杂的记叙文，站在“十年之后”的时间点上，回忆今天的生活事件或情景。稍做指导后，学生们开始奋笔疾书。有一位女同学却愁眉紧锁，写了又画，显然处于一种犹豫不决的状态。我走到她身边，看到她写完第一段，然后又删掉。她写的是，十年后，自己在某公司做现金出纳，因利用工作之便贪污公款，锒铛入狱。中秋之夜，她隔着铁窗，望着天上的一轮明月，不禁想起十年前在鲜红的团旗下庄严宣誓的往事……我轻声问她为什么不写下去，她说怕主题不积极。那时，尽管我还是一个经验很有限的青年教师，但略一思考便觉得，人生充满了各种变数，学生十年之后成为阶下囚的可能性是存在的，这样构思和写作并不显得消极，相反说明作者有自省之心、自警之意。我告知她我的想法，明确表示支持。她得到鼓舞，情绪变得欢快起来，写得十分顺畅，最终获得最高分……想到这些，我的脑海里忽然迸出“对话”二字。是啊，在这个轻声低语的交谈过程中，我与这个学生进行了一场有效的对话。这何止是对学生写作的指导，也是对其人格成长的提携和促进！

我决计以“对话”为核心语词写一篇论文。但仅凭这个事例，可以写成一篇简短的教学叙事随笔，却难以完成有一定分量的论文。此时，我以“对话”为“探照灯”，在记忆中的许多写作教学事实中探照、搜寻这一类例子，数量还真不少，大大小小有 20 多个。我当然不能把它们一一叙述下来，成为一篇流水账。怎么办？我想，上面所叙述的例子是学生进入写作状态时的师生对话，而一次完整的作文教学流程可以分为命题、指导、写作、讲评等几个环节，每一环节都可以展开师生对话，我何不从这四个环节中各选一个“对话”的例子呢？

此时，我的思维豁然开朗。关于命题中的“对话”，我想到，高三时写作文艺短评，我听从学生的建议，向他们提供了我的一篇小小说《痕》，让其评析，结果出现了不少颇有见地的佳作。关于指导中的“对话”，我想到，高二时写作《“回声”的启示》，学生因为有感于电影《离开雷锋的日子》中的乔安山助人为乐却在现实中受人嘲讽、歧视的事实，而对《回声》寓言中所寄寓的“善有善报”等一类道理有所怀疑。我为他们释疑解惑，引领他们进一步思考，并使其认识到，当下社会的诸种怪现状其实也是对“文革”遗祸的一种“回声”。关于讲评中的“对话”，我想到，一位平素写作水平很高的同学，以杂文笔调写《我理想中的语文课是这样的》一文，而绝大部分篇幅都是对当前语文教学现状“嬉笑怒骂”，它成了一篇典型的离题之作。同学对此予以批评，而他有些不服。这时我循循善诱，以理服人，使他意识到自身的不足，曾经不免傲慢的心性因而有所改变……这些都是耐人寻味的“对话”，它们使我赢得了一次次作文教学的成功。

这篇文章的主体部分就是对这四次“对话”事实的叙写。当然，有血有肉还不够，我还需要增加一些理性思维或一定的理论因素作为其“骨子”，如此才能架起一篇有一定分量或内涵的教学论文。在这四个事实的叙写中，我始终注意进行理性归纳与理论的阐述，而在文章的首尾部分，我更是进行了较为集中的理性升华或理论剖析。开篇我是这样写的——

坚持与学生对话，是我作文教学的基本方略。

对话不是玩噱头，不是偶有所得即兴发挥，也不是“作坊式”的技术传授。它是人格对等基础上的灵魂交融，是教学相长情景中的技艺切磋，是相互信赖氛围下的心智启迪。如果师生间的对话能贯穿作文教学始终，我相信，曾经视作文为畏途的学生心头就会亮起一缕缕明媚的阳光。

文末我这样写道——

孔子与弟子对话，才有了被后人誉为“半部就可治天下”的《论语》；柏拉图也是在与老师苏格拉底对话（所谓“产婆术”的提问和启发）之后，才有了在世界哲学史上震古烁今的《理想国》……在人类思想长河中，没有对话，就不会有群星闪烁，也不可能有浩浩汤汤。

我不敢奢望与大思想家比肩，但我愿意带着我的弟子们在作文这方天地里尽情对话，做一群实实在在的思想者；我也希望在探索和前行的路上，能有更多的同道人，我还会把自己的对话体会毫无保留地告诉他们。

——对话是对学生作为大写的人的一种尊重，是对其主体地位的一种体认。

——对话者谈写作技法而不唯技是谈，唯法是看。我们只有站到作文即做人的高度（这不应该是大道理），才有广阔的视野，才有磊落的气度，也才能克服柔弱的文风，写出真正的大气。

—— 对话的“此方”对写作要能在亲身践履中获得亲切体会，否则，对“彼方”的对话就是隔靴搔痒，就是实质上的“缺席对话”。

—— 对话的最终旨归之一就是“创造让教师崇拜的学生”，而崇拜不限于将来时，一旦学生写出我之不能时，无妨取一种仰视的角度。这绝不是一种自贱，相反，它能“增加你的高度”，“衬托你的威仪”（舒婷《致橡树》）。

这篇文章的写作距今近二十年，那时我的表达还有较浓的文学味，即便是论述也有一定的感性色彩，它所表现出的理性可谓“渗透着感性的理性”。但我仍然很喜欢它，不仅因为它较早而有一定系统性地提出、阐释与建构了“对话作文教学观”（“对话”是新课程的一个重要理念，我提出“对话作文教学观”，在时间上早于新课程的正式开展），而且因为它是行者之思，是从自己的教学生命中流淌出来的带有自我体温的鲜活血液。

写作是艰难的，而一旦让行、思、意、文紧紧糅合在一起，分不出彼此，浑然一体，写作则是畅快、惬意的，因为它是“郁之于内而发之于外”的，是自我心声的吐露。

至此，我想表达以下三层意思。

其一，正如“幸福的家庭总是相似的”，无论是在哪一个学科，成功的论文一般有（观点和选材）新颖、（切口或视角）小巧、（构思等有所）逆向、（论证层次）严密、（整体风格）自然等品质，它们之间“一荣俱荣”。

其二，与其说会写，不如说会想；与其说写作水平高，不如说思维品质好。归根到底，写好文章要从学习思想的方法、养成思想的习惯、蕴积思想的内涵开始。这才是真正的治本之策。

其三，让我们努力去做思想者：思想者就是行走者，思想者就是发现者，思想者就是批判者，思想者就是创新者，思想者就是建构者，思想者还是“雄辩者”……

三、论文写作可行路径描述及相关问题的建议

“条条大路通罗马”，走向论文写作成功境界的路径很多，不一而足。我在这里所说的“可行路径”只是无数路径中的几条。

（一）寻思与练笔

“寻思”就是多从平时的生活中发现闪光的点子，多在这些点子上进行琢磨、玩味，多去发现和拥有一些新的思想与创意。我建议大家多去写写教育随笔，这是一种极好的论文练笔方式和方法。

（二）整合与建构

平时多去寻思，必然会有一些零零星星的发现和思考。对这些零星的东西，你既可以经常地就物生意，由意成文，随有随写；也可以先点点滴滴加以积累，积少成多，在一段时间之后，再对此加以适当的裁剪、整合与建构，这有点儿类似于零存整取。譬如，我较早就思考过素质教育的阶段性问题，这一思考历程前后经过好几年。我先后想到，在当下社会主义初级阶段，我们的（基础）教育整体上处于素质教育的什么阶段；在追求教育公平与均衡的前提下，各地、各校乃至不同教育对象可以适度、适当地处于素质教育的不同发展阶段，而不必强求齐步走，更不宜一刀切。我还想到，某个具体对象或学校还可以在素质教育的不同维度上有所错位，差异发展，就此我具体聚焦思考了“杜郎口现象”……这些问题不时地在我脑子里出现，我力图对这些问题都形成独特而有一定深度的思考。最后，我把它们融会贯通，写成长文——《“真理是一个过程”——论素质教育的“阶段性”》，发表于《江苏教育》，引起较为强烈的反响。论文写

作有时候就像欣赏美景一样，要“慢慢走，欣赏啊”，不必意到笔动，下笔文成，它常常需要一个不断积累、充分酝酿、多次推翻、反复论证、逐渐确认的过程，这个过程也是整合与建构的过程。

（三）集束与辐射

要把自己平时点点滴滴的思考收集、汇聚 —— 集束起来，以微型课题或规划课题为平台和载体，加以较为系统或有一定系列性的研究与写作。在此基础上，再将这些成果辐射开去，尽可能让它们能统领自我的教育教学实践活动、思考活动，如此就能形成良性循环和螺旋式上升的态势……

我凑成一首“诗”，姑且题为“写作自述”，博大家一哂。

潜心实践揣真经，
耐得寂寞把书煎。
形诸笔端遣意绪，
淬炼思想苦也甜。
零存不弃寸寸进，
整取乃得洋洋篇。
昨夕犹自珍敝帚，
今朝竟已有烦言。

【附 1】

让"好课"成为"好作品"

冯卫东

我写这个题目是受到一位师从于我的年轻教师的启发。她在江苏省小学数学教学比赛中执教《用字母表示数》一课，获一等奖。事后她把执课经历作为再加工的素材，从不同角度进行反思，先后发表了四篇文章。

这位老师成长得很好，原因很多，而敏锐的感知触角、良好的反思习惯和强大的转化（好课— 好作品）能力则是至关重要的。其实，大凡在专业上有所成就者、出类拔萃者，有谁没有做过此类转化工作？

一

我的专业成长也在很大程度上得益于上出好课，再将其转化为好作品的努力与践行。

记得刚工作没几年，教华罗庚的《统筹方法》，我没有布置预习，而是让学生在家里尝试着合理安排（即"统筹"）从早晨起床到离家上学这段时间的"活动程序"。教鲁彦的《听潮》也是这样，我没有让学生先看书，而是在一个傍晚，带着大家到离校不远的一条大河边观潮、听潮……课上先让大家相互交流所见、所闻、所为、所感，然后进入新课。因为有了一些相关的生活体验准备，学生的学习兴致高，学习效果好。为此我写成《另一种"预习"》，并很快发表。

后来我渐渐养成一种"职业习惯"。有一段时间，流行歌曲风靡校园，一些老师想方设法将学生与其"隔离"开来。我想，与其"堵"不如"疏"，便拿出两节课跟学生一起赏、析、辨、论，随后写成《从语文教育的角度看教师与当代"通俗文化"新潮》。有一段时期，我酷爱微型小说创作，经常有作品发表，高三的学生要学写文艺短评，我把自己较为满意的作品《痕》(反映家庭生活中两辈人的代沟)印发给大家，请其置评，随后我写成《我让学生品“拙作”》。几乎一开始我便对作文教学有浓烈的兴趣。每一次，无论是命题材料，还是指导方法，抑或讲评方式，我都追求创意，不落俗套，待一应事情完成后，则对全程进行叙述和反思，于是，一篇篇作品发表于《作文成功之路》等刊物……那真是一段“激情燃烧的岁月”。在这“燃烧”的过程中，我的教学风格、教育识见和专业成就得以悄然锻造。反思与写作正是其时热力无穷的“燃料”!

单个教学事件积累和叙写多了，不知不觉中，我开始提炼、概括这些事件或现象背后的一些相通的东西、共同的规律，就此写下多篇有一定综合思维特征和理性思维水平的论文。譬如《“对话”，为我赢得了成功》一文：回顾若干年来的作文教学实践，我发现，与学生“对话”，或引导学生“对话”，正是我作文教学的创新方法，也是我走向成功的秘诀所在……至今我仍然喜欢这篇不免青涩的文章。这不仅因为，它早于第八次课程改革而写出，并有一定系统性地建构与阐释了“对话作文教学观”，而且因为，其间每个字都是我探索前行的足迹，每一行都是我走向成功的阶梯。

二

不错，这样的文字确乎是“教师专业成长的阶梯”。这是顾泠沅教授为教学案例所做的一个比喻。他认为，案例是教学问题解决的源泉，案例是教学理论的故乡。

我的故事与作品，应可列入教学案例的范畴。理查德认为，“教学案例描述的是教学实践。它以丰富的叙述形式，向人们展示了一些包含有教师和学生的典型行为、思想、情感在内的故事”。纳姆斯提出，“案例是对某个过去发生的事件的真实描述……目的是引发对一个特殊情境的讨论和分析”。张肇丰则说：“教育案例是一个教育情境的故事。在叙述一个故事的同时，人们常常还发表一些自己的看法，也就是点评。所以，一个好的案例，就是一个生动的故事加上精彩的点评。”

把自己上得好的课转化为好作品，自然就会成就一篇篇教学案例。它们尽管千差万别，但也表现出一些共同的质性。

一是故事性。故事是过去发生的真实的事情或事件，并有一定的情节吸引性。尚未发生的事不要（用教学案例的形式）去写；要写就要做到“假话全不说，真话不全说”（季羡林语），实则这也涉及有关故事性问题的原则和技巧。

二是典型性。它是从故事性衍生而来的，也是故事性的附加属性。其实，所有值得倾听、有些“看点”的故事，都源于而又高于生活，已然发生的事情不要不加选择地写，对原生态事件或细节必须加以甄别、择取，照相式记录既不可能，也无必要。

三是思辨性，或者说“理论性”。一般而言，教学案例中不可能“无理”。有些案例只是生动地叙述，至于所要寄寓或表达的“理”则不着一字，但这不等于说其中不蕴含“理”，只不过它还需要读者自己咀嚼、品悟，无妨说，事即是理。当然，我提倡把“理”说出来，毕竟教学案例不等于文学创作，含蓄蕴藉不是它所要追求的。有理尚须论，这就有了我们自己的“理论”（我释之为“对理的论”）。在一定意义上，教师也是理论工作者，要经常把自己对教学的理解或由此体悟的道理加以论说，继而形成属于自己的“实践性理论”，它是教师专业发展的加速器。

用这“三性”反观我的案例，可谓一一言中。故事性毋庸赘述，每一篇写的都是自己亲力亲为的事情。典型性也有较好的体现，每一个教学事件都有“不同凡响”之处，即便在今天看来也不落伍，在当时更属“时尚”。思辨性或理论性是我一直追求的，我总是努力地从事实或现象中离析、沉淀出一些理性因素、理论因子。它们最初“具体而微”，有着一事一理的鲜明情境性；而后逐步化零为整，渐渐成为关于教学某一方面却又带有一定整体观照特征的某种观点，乃至个人的某种教学主张。

三

顾泠沅先生说:“教师需要有自己特点的教学理论表达方式，教学案例就是这样的方式，而且只有教师自己才最适合做这种研究。”我还想说，在一线教师的所有研究与表达方式中，教学案例是最为适用、有效的。平时同事间的一课一议，效果有却很有限；至于纯粹的学理研究、学术表达，又“高处不胜寒”，不宜作为对教师的一种普遍要求。

事实正如此。我和部分教师交谈，发现教育报刊中阅读率最高并且最受用的还是一线教师基于一个或一些具体课例叙述并有适当理性提升和一定理论成分的文章。随机从2014年第3期人大复印资料《初中数学教与学》中选出《“先学后教　当堂训练”教学模式在数学课堂中的应用——以〈二次函数的图象〉为例》。在对教材、学生情况、学习目标、教学重难点等进行简要陈述和分析后，作者重点叙述了学生先学和教师后教的具体步骤，接着进行反思，如，“为更好地让学生掌握‘由个别到一般’的归纳推理能力，当堂训练环节分别设计了参数a是整数或分数、正数或负数等几个二次函数图像的绘制，内容稍多，造成后面探讨和总结环节比较仓促，还需要对设计方案进行适当调整”，等等。最后谈应用该模式要注意，“教学内容的选择要合适 ”，“自学指导要明确”，“教师的导学要起到承上启下的关键作用”，“当堂训练内容的设计要丰富并有层次性”。

随机选例有利于淡化特殊性，强化普遍性，进而接近整体或全局的真相以及背后的“真理”。由此可见，作者（教者）首先要有把课上好的意图、努力和具体行为；要对它们进行实事求是、有一定思辨色彩的考量与省思；最好走出就事论事的局限，上升到“比类合谊”（连缀、排比同类事物，归纳、综合其义）的思维高度，就一事（一个课例）来说一类事（同类课例）乃至更多事可能蕴含的共同意义，就像该文最后提醒同行，应用“先学后教，当堂训练”模式要注意若干问题。于是，作者的一课一

“得”（作品）在读者那里则有可能转化为一文多“得”（具有广泛的启迪意义和一定的普适价值的心得），于是，教学案例便能引发更多教师“几何级增长”的实践效应。

四

一个好的“转化”案例胜过许多关于如何转化的理论，相信读者能从上文或多或少悟出一些转化的方法与策略。这里再“强调”几点。

首先，要从一个或一些课例中提炼、萃取一个或几个关键词，它（们）是对整个事件及其价值意蕴的高度浓缩，最好有一定的创新意味。譬如“对话”，它确能较为生动而准确地刻画作文教学中师生及生生之间的互动关系，并在当时鲜有人提及，因而既活又准且新；再如“另一种‘预习’”，其中每个词、每个字都很平常，但联系起来看，则引人思考：预习还有另一种情形？创新往往就是若干常见元素的不常见组合。

其次，紧紧围绕关键词来选材、组材。关键词是魂，魂须附体，这个“体”便是合适的材料。有时材料多样，要有取有舍，好中选优；有时材料冗长，要有剪有裁，去粗取精。像“对话”那篇，我较为成功的作文课都由“对话”而成，自然无法一一道来，于是就在命题、指导、写作、讲评四个节点上，各选一个典型教学故事，让它们众星拱月，聚射主题；再如“预习”那篇，所历细节很多，我只截取部分精彩片段加以叙写，集中笔力，便于表现特殊形态之下“预习”的意义与价值……好作品充其量是对好课的“写意”，而不是“工笔”。“写意”的同时又须在“传神阿堵”（喻指特别出彩的事实、环节或细节）上多花笔墨，如此，详处能见风采，略处可瞻精神。

再次，要妥善处理叙议关系。很多作品从体裁上看是“记叙文”，以事为主，以理为辅，论理部分为点睛之笔，它不在多，但要有识见、有力度，尽可能使全篇因此生光泛彩。我倡导大家多写“议论文”或“说理文”，叙事的成分少一些，更少一些，而就事析理的篇幅大一些，内容多一些，甚至，叙事只是一个引子，由此引发的反省和思考才是全篇的主干。就事论事或许让你有所“提高”，而就事论理却往往使你有所“提升”——在专业成长道路上，我们不仅需要量的提高，更需要质的提升。

最后，我们还要善于借“理论高枝”来支撑自我的识见。好作品未必都是论文，却一定要有好的论点，它来自我们的大脑，也源于理论阅读等。现在获取资讯的渠道很多，资料搜集非常便捷，要重视发挥网络或其他媒体的作用，努力在一个“理论背景”下透视你所着意和思考的问题。要多做案头工作，尽量就自己提炼出来的关键词来一次“一网打尽”或“连根拔起”（维特根斯坦语）式的理论学习和整理。也许最终直接用到的理论资料很有限，但我们吸纳了的营养却于无形中垫高了作品的视点与品位——不，这又何止于作品本身！

五

好课当然最好是（获得公认的）优质课，但也不必拘泥于此。像上文“二次函数”课，既有成功之处，也有不足的地方，但仍不失为一堂有叙写和论说价值的好课。这样说，还因为它有一定的尝试性、探索性和“实验”性，这些都值得“称好”。

即便是一些（有所）失败的课，只要我们拥有慧眼，秉持慧心，善于在幽暗处寻觅光亮，善于“化腐朽为神奇”，同样可以“反转”为好作品。苏格拉底说，未经省察的人生是没有价值的；经过深刻反思的教育“败笔”，也自有其独到的醒脑和醒世价值。我在百度中输入“从……说起”，很便捷地搜到不少相关网文，如《从愤然离开课堂说起》《从一次课堂上的“较真”说起》。前者写“我”要孩子们认真预习课文《二泉映月》，检查的情况却很糟，“我”愤然离开课堂。后者写“我”讲一道例题，强调要弄清、用好几个步骤。一个爱较真的学生“有话要说”，拗不过他的坚持，“我”决计用他所说的步骤解题，结果证明“此路不通”。“我”于是提醒他改掉爱较真的毛病，这使他的情绪顿时低落……这样的省察无论于己还是于人，都能生成正能量。我们一方面呼唤如此好作品，一方面也要随时留意“把往事下酒”，在耐心的教育咀嚼中品悟育人的真谛。

要让好课成为好作品。好课不仅可以是自己的，还可以是他人的。这里权将视角切换一下，却存而不论，期待读者就此展开更广、更深的思考。

» 本文发表于《福建教育》2015 年第 19 期，收入本书时有改动。

【附2】

文字是作者“吃”下去的东西

——散谈论文写作前的案头工作

冯卫东

这个题目套用了德国哲学家费尔巴哈的一句名言：“人是他吃下去的东西。”费氏名言的意思是，人们接触、学习、享用怎样的精神食粮，他的精神世界就将呈现出怎样的景象。根据个人的经验与体会，我以为，我们所写的文章（即题中的“文字”），是由自己吃下去的东西不断化合而成的：吃下去什么，决定着能吐（言说、写作或呈现）出什么。“吃”下去的不只是我们所阅读的内容，还包括平素对自我实践经历与体验的积累，对他人教育教学行为的观察。这里所说的“吃下去的东西”，仅指我们所读到的东西，主要指为了写作某个作品（论文）而专题阅读的信息、资料。

1. 随笔写作：不要随意而作，力求“积理”而出

建议教师平素多写随笔，它相对容易和自由，经由它拾级而上，可以走向论文写作的高地。我们可以将其视为为写论文做准备的一项“前写作”活动。

但随笔也不是可以随便写出来的。随便写出来的东西不是我们所理解和认可的随笔，写得再多，都无益于教育识见的提高、教育智慧的丰盈、教育行为的优化，反而徒费时间和精力。我们所理解和认可的（教育）随笔，理应在自由的语言、轻松的笔调和散漫的结构之中叙述一定的教育事实，抑或寄寓、阐述一定的教育道理，具有一些理性的意蕴与价值。

我把教育随笔分为叙事随笔、事理随笔和论理随笔三类。我倡导教师多写后两类随笔，因为它们是教育写作中的“轻骑兵”，有时甚至是“用随笔形式写成的论文”，或许还可以成为个人的某种“教育宣言”。它们自

然有较高的理性程度，也有一些相应的理论去支持或支撑。易言之，它们不是一个胸无点墨或积淀甚少的人灵光乍现而后自说自话所能济事的，而必然是且学且思、学思熔铸的一种精神产品，是厚积之后从容薄发的一粒思想珍珠。

前不久，我为一家教育刊物写卷首语。深感于当下很多教师成天忙忙碌碌，疲于奔命，我决意借此吁请大家适当“闭目养神”（《让我们学会“闭目养神”》）。对这一“命意”，稍做构思，然后顺意而为，无须耗费多大气力，就应该能写出差强人意的千字文。但我知道，这样做，虽则把道理讲清楚了，但比较单薄，甚或还有一点儿苍白，难以使读者有所回味。我要让这篇千字文“尺水兴波”，用短篇幅引发读者精神的一点儿“冲击波”。我自然想到要去网上搜索。我键入“养神”二字后，搜索到一句名言：“得神者昌，失神者亡。”键入“闭目养神”四字后，则搜索到年事已高的香港首富李嘉诚在倍加繁忙的今天，不时闭目养神。这些都是典型而有用的言论和事实，作为论据再合适不过。这还不够，我又想到有没有能够形容人们忙乱景象的有趣事实或语句，结果搜索到《爱丽斯漫游仙境》里的一个片段——一只小兔子，一刻不停地看表，不停地嘀咕：“没时间说你好，没时间说再见，我来不及了，我来不及了！”现代人有类于此，忙在一种自以为很忙的幻象与假想中！最后我还想到“闭目（面目，即眼睛）”与“开目（心目，即心灵）”之间的关系：只有适时“闭目养神”，我们才能拥有一点儿闲暇时光，打开心目，养成慧心。我同样找到一小段有趣的材料。至此，再来完成这篇随笔，底气变足了，写出的文字既有“骨感”，也较为丰满、灵动。

我的每一篇“涉理”随笔都是这样写的。初二的一个女生在班会课上反思初一的生活，为她课间遛弯儿、做游戏浪费时间而“难过不已”，声泪俱下，班主任为此大为欣慰、欣赏，我意不然，写下《孩子，我难过着你的“难过”——主题班会引发的思考》；中央电视台科教频道主持人在一档有关“次声”危害的节目中打了一个比方，说“次声”之弊的另一面亦有其“利”，就像顽童也有他的优点一样，我感觉甚为不妥，写下《顽童不是“次声”》……我分别就“生命成长与时间‘耗费’”“顽童（与）教育”等问题搜索了很多资料，消化之后再做转化，“化出”一篇篇较有内涵与力道的随笔，深得刊物编辑以及广大读者的喜爱。

随笔写作前要能适当“积理”。清代魏禧说：“为文之道，欲卓然自立于天下，在于积理而练识。”林纾则说：“天下学文者，能近昌黎（唐代韩愈——笔者注），何至胸无积理。积理者，文之质也……”前一“积理”指积累关于社会人生的理性认识，后一“积理”指较为精深的道理。显然，有了前者，才有后者，而努力做到和拥有这两者，我们所写的“涉理”随笔才能有抵达人心之力，裨补时弊之效。

2. 论文写作：“没有别人我也无法思想”

巴西教育家保罗·弗莱雷在其名著《被压迫者教育学》中写道：“我不能替别人思想，没有别人我也无法思想，别人也无法替我思想。”它同样适用于论文写作前的案头工作。之所以把它用在这里，是因为相比于其他体裁，论文写作更倚重于别人的思想。

平素通过各种各样的信息渠道（书刊、网络等）进行广泛的理论涉猎，这自然是我“向别人借取思想”的不二法门。这样的理论涉猎仅有较小一部分存有直接为写某篇（些）论文“备料”的功利目的，但此外的“无功利涉猎”却利于随时，功在长远。它们既如语文教育专家朱自强所说，“理论决定着我们所能观察到的问题”，如果缺失了它们，我们将无法观察到有价值的问题；也像学者谭顶良所打的一个比方，自行车轮向前滚动，仅需一尺宽的路，而要是没有更宽一些的路面，则很少有人能畅行其上。所以说，它们是广义的案头工作。

读了一本好书之后，我会用电脑进行摘录并分门别类，最近十年，这些摘录文字有逾百万之多。摘录其实是回味、反刍，是印象与理解的加深和强化，而后我每写一篇论文，都首先到这里浏览、提取。学者黄秋生说，“关系才是初始性的存在，实体不过是关系之网上的一个个‘纽结’”。我观察到的问题其实就是这样的“实体”，它“只能存在于一定的过程并处于一定的关系之中”。既如此，何愁不能在这逾百万字的摘录中找到、获取自己用得着的东西？有时我甚至有俯拾即是、应接不暇的快感。这当然也是写作前的案头工作，还是一项“打底工程”。套用京剧《红灯记》中的一句台词，我想说，有这逾百万字的摘录“垫底”，还有什么写作材料准备方面的问题不能对付？

当然，就某篇作品写作而言，具体的、有针对性的或者说专题的案头工作更是少不了，马虎不得。正如傅斯年先生在《历史语言研究所工作之旨趣》中所说，“上穷碧落下黄泉，动手动脚找东西”。我也常常翻箱倒柜，差不多翻个底朝天，然后才开始“码字”。

以本月初刚完成的一篇5000余字的论文《“悠雅童年”是怎样的童年？—— 兼论游戏情境作文的“‘悠 — 雅’机制”》为例。我们团队中有一位市小学语文学科带头人，近十年来坚持不懈，进行“游戏作文”教学实践与探索。他常带学生先做游戏，后说游戏（交流游戏过程中自己的动作、体验，以及周边的活动场面等），最后写游戏，学生乐此不疲，每次作文教学都精彩纷呈。应出版社之邀，他拟写一本专著，就书名、提纲等讨教于我，我则命之曰“游戏作文：书写‘悠雅童年’”。我的这篇论文即为书序，旨在刻画游戏作文的育人功能、愿景，解密游戏作文在发展儿童情趣与心智等方面的内在机制。所谓“悠”，是让学生学得轻快、灵动、有趣；所谓“雅”，则是使他们真实而有效地获得语文的生成、生长，获得语文学习的提高、进步，进而潜移默化地丰富他们的内涵，影响他们的气质。

搜集资料，我做的第一步是锁定若干关键词，这很重要。我有一个深刻的体会，我们正处于网络时代，不愁没有信息，只怕不知道要找哪些信息，而关键词正是引导我们开展搜集活动的“行路图”。这里则有“闲暇（与）教育”“优雅存在”“优雅（与）教育”“游戏（与）教育”等几个。除了从我的电脑摘录里择取一部分（如刘焱的《儿童游戏通论》等），我着重到中国知网里“借智”。譬如关于“优雅”，我读了甘绍平的《什么是优雅社会——读马伽利特的〈尊严的政治〉》、江畅的《和谐社会与优雅生存》、李梦云的《士人的优雅及其当代意义》等十余篇论文。而关于“闲暇教育”，我则读了更多篇，其中有杜威、罗素、苏霍姆林斯基和陶行知等的经典论述……总之，搜集出来供自己学习的篇目有百来篇。读过之后，我对一开始就已确立的“理论假设”（良善的游戏活动能够促成儿童优质的语言生成，即“悠”可以向“雅”转化）更有了“理论自信”。这些资料正是我将来用以论证的理论论据。

我做的第二步是快速浏览，从中截取部分语句、段落，形成“待用资料辑录”。现在我回过头去看，“辑录”竟有66页共37000余字，相当于一本小书的容量。随后，我再认真地将它通读一遍，并随时根据句子或段落大致的“可用指数”，用不同字体、字号或颜色把其中的部分重要文字标示出来，它们亦有近万字；然后再进行遴选，剩下四五千字；最后，我把这些内容分别归并到先前列好的写作提纲相应部分以“待用”。此时，这篇论文的整体骨架和血肉都基本呈现出来了。我要做的是，对它们再做有机整合、建构、厘清和修饰。虽说这一过程也煞费苦心，用了两天时间，但比起前面的“蓄势”阶段，则是一小段时间，可谓“功夫在文外”。不难想见，经过层层筛选而留下的“待用”文字也只有很小一部分留存于最终的文本里。但我清楚，倘若没有这部分文字以及此外更多的文字，就不可能有我后来尚可称较为新颖、深邃的思想，较为绵厚、缜密的文字。是别人的思想滋养了我的思想，而我又使人们关于这个具体问题域的认知与理解往前跨出一小步，以后理应也会有人吃下我的思想，创造他们的“属己理论”！

3. 论著写作：“连根拔起，使它彻底暴露”

眼下，写书的教师越来越多，甚至有过一阵“出书热”，当然，中小学教师的整体基数较大，所以这个比例肯定还是很低的。论著写作毕竟属于“小众”的事情，在此略有涉及。

与论文相比，论著所要论述的问题更大，视角更广，层次更深，结构也更为复杂，要把它写好，非要努力将这一问题域内乃至相邻领域中的相关理论一网打尽不可。维特根斯坦对此有一段精彩论述：“洞见或透识隐藏于深处的棘手问题是艰难的，因为如果只是把握这一棘手问题的表层，它就会维持原状，仍然得不到解决。因此，必须把它‘连根拔起’，使它彻底地暴露出来。”不写论著则已，要写就不能不尽量做到这一点。我们团队中有一位青年特级教师撰写《倾听数学》一书。构思之初，团队就多次掀起“头脑风暴”，围绕数学教学中的倾听问题，共同建成一张延展很广、四通八达而内部又有着紧密关联的思维导图。然后我们在这个思维导图的每一个路向上或节点处，都“掘地三尺”，搜索到大量相关理论资料。仅这项工作，就用了半年多时间。越到后来，这位老师越是发现先前预设所未能估计到的许多问题，最终几乎涉及当前数学教育所有的重要问题，进而将原定的书名“数学倾听教育的思与行”改为“倾听数学”。如果没有付出这一番“拔根”的辛劳，他就不可能抵达这个问题的“根部”。而他在触及“根部”后却发现，所谓“倾听数学”，就是倾听儿童，倾听儿童与数学之间的对话。基于此，他继而提出“儿童数学”等主张，并为此开始了漫漫征途。“连根拔起”，再把“根”拿起来好好观照、考量，那么，我们的教育识见就不会停留于表层，而我们的实践、研究与探索行为也将不断接近教育教学的根本。“连根拔起”式的理论学习、资料占有，必将引发理论与实践之间有益、有效的双向建构。

在某种意义上，无妨说，论著是论文的“放大”，这两者之间有一定的“相似性”与“比例关系”，至于如何搜索、遴选、取用、转化各方面的信息、资料，我以为完全可以借鉴前面所谈到的具体做法。“成功的写作都是相似的”，这里既有人与人之间的相似，也有不同写作样式（论文与论著）之间的相似。我还想说，以写一本书的准备写一篇论文，虽薄犹厚；以写一篇论文的准备去写一本书，虽厚犹薄。备多用少，由博返约，这或许就是为论文、论著写作所进行的案头工作的奥秘所在，它也应该成为我们共同的致思与笔耕方式……

» 本文发表于《福建教育》2016 年第 Z2 期合刊，收入本书时有改动。

| 第三讲 |

在“根雕”的行为中提升智慧

——谈微型课题研究

我曾深情地写下一段文字："微型课题应该是方寸之内可驰骋的篆刻，应该是尺锦犹见'上河图'的苏绣，应该是碧水倒映蔚蓝天的清溪……一个转瞬即逝的细节，一句无意有心的话语，一场别开生面的对话，都可以牵出一个韵味无穷的微型课题。"

微型课题是当前广大中小学教师开展研究的一种普适而又十分有效的途径和载体。它已成为长城内外、大江南北广大教师自觉或不自觉地共同选择、共同行走的一条专业成长路径。

它还有许多“别号”，其中最常听到的是“小课题”。另外，如江苏省南京市称之为“个人课题”，苏州市吴江区称之为“学期课题”，南通市崇川区称之为“细节课题”，等等。

近两年来，我在此方面积累了一些经验，成功地指导了不少教师，还在全市（江苏省南通市）发起了一场有点儿声势的“研究运动”。

下面我分六个方面谈谈我们的实践与思考。

一、蝴蝶振翅：一个精彩初显的故事 —— 说运作

这部分简单介绍我们南通市区域推进微型课题研究的一些情况。

老子在《道德经》中说：“合抱之木，生于毫末；九层之台，起于垒土；千里之行，始于足下。”我们南通市如火如荼的“研究运动”可以说源于一位小学教师的个人行为。这位小学教师叫王存宝，当时是我市海安县（现为海安市）白甸镇中心小学副校长。2005 年 8 月 16 日，他在《中国教育报》上发表《微型课题，教育研究的“快乐便桥”》一文。这也是我们通过网络搜索到的关于微型课题研究问题的最早公开发表的文章。

他说，自己对微型课题情有独钟，近几年忙里偷闲先后完成近 20 项微型课题研究。他说，自己钟爱微型课题有四点理由：一是微型课题以自己为对象，为自己而研究；二是微型课题以行动为引领，为行动而研究；三是微型课题以经历为载体，为经历而研究；四是微型课题以表达为需要，为表达而研究。他还说，虽然微型课题开口小，仅能触及新课程的某一点，乃至教学过程中的某个细节，但这丝毫不影响它的价值，因为它是在完成量的囤积，它能让新课程理念烙上“我”的印记。他说，这是教师

所需要的并能便捷操持的教育科研。

全校教师紧紧跟进王老师的步伐。大家都向他学习、请教，学校掀起微型课题研究热潮。当时海安县教科室发现了这一典型，在全县范围内对其经验加以推广。南通市教育科学研究中心（现为南通市教育科学研究院）也敏锐地捕捉到相关信息，不久后在白甸镇中心小学召开全市中小学微型课题研究现场观摩会。

其后，全市许多地方或学校热烈响应“海安会议”精神，积极开展微型课题研究。毗邻海安县的如皋市更是后来居上，行政助推，制度支持，在短短一年的时间里，就使微型课题研究走进该市的大部分学校，为教师专业成长和内涵发展注入强劲动力。翌年年底，我们在如皋举行全市微型课题研究第二次推进会。会上最引人注目的是一些教师开设的相关课题研究课，比如，“引导学生自编数学题的实践研究”“经典文学篇目教学‘留白’艺术研究”“高考现代文解题技巧研究”“学生自主班会对优化班风的效能研究”“在两代人的对话中培养学生‘感恩心’的行动研究”，等等。“如皋会议”使“星星之火”初具“燎原之势”。其后不久我们又在如东县召开了第三次推进会。

目前，在全国中小学微型课题研究整体格局中，南通市做出了显著贡献。我们有四点体会。

第一，点上发现经验，面上加以推广。

第二，行政大力推动，学校着力管理。纯粹“民间”的或无组织的教师研究行为常常难以避免自生自灭的命运，我们要提高创意型研究活动的组织化程度。

第三，课堂作为依托，活动提供平台。

第四，允许存在差异，鼓励多元发展。我市通州区有“课堂诊断”活动，因此未在县域范围内对微型课题研究加以推广。我们并未强求，鼓励差异发展，并乐见其成。

1979 年 12 月，气象学家洛伦兹在美国科学促进会的一次演讲中提出，一只蝴蝶在巴西丛林的一朵花瓣上轻轻扇动一下翅膀，有可能会在美国的得克萨斯州引起一场龙卷风。细小的因素与看似完全不相关的巨大复杂的变化之间存在着紧密的因果关系，这就是“蝴蝶效应”。我在想，如果王存宝老师就是那只“蝴蝶”，那么他的“振翅”是不是也能引起一场教育科研乃至教育质量发展的“龙卷风”呢？应该能！

二、麻雀解剖：一则具体而微的案例 —— 说要素

“麻雀虽小，五脏俱全”，微型课题也有一些不可或缺的要素。这里我以自己“学写”的一则微型课题研究实施方案为例，借此说明微型课题研究的“要素”问题。

教师口头禅现象成因分析与矫治对策研究

● **研究缘起**

我在做教师时，发现自己经常不经意间冒出一两句口头禅，如“是不是”“对不对”，等等。到南通市教育科学研究中心工作后，在各地听课时，我发现这种现象非常普遍。有的纯粹属于教师个人的语言习惯；有的出于心理方面的原因，譬如，人在紧张、焦虑时最容易口不择言，经常无意识地冒出一些无意义的词句。

口头禅现象较为普遍，它有不少消极作用，如浪费宝贵的教学时间，容易导致学生分心或者造成他们厌烦的心理，使教师形象有所损害，等等。总之，这是一个值得研究的问题。

● **研究目的或意旨**

通过研究，使口头禅现象得到一定程度的“缓释”与矫治，进而更好

地改进课堂教学面貌，彰显教师的教学风采。

● **研究方法**

一是调查法。听不同年级、不同年龄、不同学科教师的课共不下于20节，除采用一般听课方法外，还随时记录上课教师口头禅的具体语词、频次、易发情境等，然后进行归纳，力求发现一些规律性的东西。

二是访谈法。征询访谈对象对口头禅现象的看法，和他们商讨改变的策略。还可以举办小型论坛、集体会诊等。

三是文献法。以“口头禅”或“口头禅 心理”“口头禅 教师”“口头禅 课堂教学”“教师 语言艺术”等为关键词，在网上搜索有效信息；还可以到学校图书馆查阅与演讲有关的书刊。

四是“实验法”。如果有条件，可以与心理教师等一起进行一些“实验”。有一位心理医生，请一个口吃严重者故意把话说得更结巴，结果一周后他久治难愈的口吃现象反而有所减轻。仿此，亦可用“实验”，请口头禅多的教师故意多说，看此种心理暗示能否起效。

● **研究程序**

先调查，后访谈；再结合运用文献法和“实验法”，对口头禅现象进行多视角、多方位和多层面的观察、分析、比较，基本弄清一般成因、易发或多发情境等规律性问题；最后寻找、总结、概括应对办法或策略，并在一定范围内推广。

预计要用半学期的时间。

● **研究预期成果**

除达到优化教师言语行为、改进课堂教学面貌等目的，还可以写作、发表数篇文章，如《从优化心理入手，矫治教师口头禅现象》《教师口头禅与教育理念》《解“禅”：让教学语言“一身轻松”》等。

由此可见，微型课题（或其研究方案）大致有以下要素。

（一）具体的对象指陈

微型课题研究最忌无的放矢，或者“的”虽有，却模糊不清，或摇摆不定。“的”的意思是靶心，靶心当然不是一个较大的区间，它应该是具体的、微小的和清晰的，我们要努力使其精准化。

（二）现实的触动描述

尽量写明研究的缘起。我主张，研究的触动最好不是来自某一个理论，甚或来自某一个抽象的概念，而是来自教育教学实践的现场，来自某一个现实的问题或困惑。倘若研究者有较强的解决问题的“冲动”，那么这项研究往往就能开展下去。

（三）鲜明的意旨表达

你总要达成一定的目的，对此必须思考明白，交代清楚。

（四）可行的方法设计

可行有两层意思。一是在一般的道理或方法论上说得通。譬如，我上面提到的所谓“实验法”，并不“高大上”，可操作性较强。二是这种方法对研究者而言是合适的。

（五）清晰的程序勾勒

要说明研究的路径，先做什么，然后再做什么，要尽力做到了然于心。

（六）大致的成果预期

随着研究的深入，我们可能会遇到一些新的问题，可能会有一些新的发现，因此对成果的预期，宜粗不宜细。至于前面所说的动机、方法和程序等，有时也是如此，特别是当研究者已经拥有了丰富的研究经验后，上述因素更会有较大的生成性，因此进行适当的规划或勾勒即可。当然，初学者无妨把它做精做细一点儿，以打好基本功。

综上所述，微型课题是教师为解决一个具体的、较为微观的现实问题而建构和确立的“具体而微”（具有一般课题大致体式而相对较小）的研究课题。它往往会用到常规课题研究中常用的一些研究方法，又相对简单，不追求方法自身的严密性。它与实践操作或行为改进紧密互动，又有机融合，更注重过程本身。它不强调研究的学术性、规范性，较为自由，是一种平民化或草根化的研究样式，未必需要学校行政或教科研机构的认定，倡导自主、自立、自为、自用。它服务于教育实践者的日常工作，又在实践反思、经验积累中养成理性智慧，以此指导和改进研究者将来的工作。

三、抽丝剥茧：一些必须辨明的问题 —— 说品质

研究者完全可以有不同的套路和风格，但也要蕴含、体现或符合某些特性、特征与内在品质。在研究推进的过程中，我们也发现了一些问题：一小部分课题尽管取得了一些成果，甚至已结题，却有着明显的认识或行为上的误区。因此，有必要对微型课题的品质（它到底应该是怎么回事，区别于教师的其他研究样式的地方在哪里等），来一个抽丝剥茧的分析、辨明和厘清。

依我的理解，微型课题大致有六个品质。

（一）微小

它不是中观的，更不是宏观的。当然，它一般也不是细小的、即时即可完成的。其视域、论域、切口、角度等都比较小。

正面的例子，如“中学语文课堂合作‘边缘人’现象研究”“小学中年级学生阅读摘抄实效性研究”等。前者研究的是中学语文课堂中的一种现象，除了事实发生场域这一大的限制之外，还有两个小的限制：一是具体的教学情境 —— 合作学习，一是特定的对象 ——“边缘人”（即较少或很少能真正参与到合作学习之中的那部分学生）。有了这些限制，其“问题域”就被缩微，就比较小了。后者研究的只是一个年段的学生阅读摘抄行为的实效性问题，课题指向虽然比较小，不大容易引起人们的关注，但有些新意。

微小很重要。微型课题题目若选大了，研究者必然会有一种无处下口、力不从心的感觉。

有一些微型课题却大而化之，大而失当。如“由感知历史到感悟历史的实践研究”“初中英语任务型教学法的实验研究”“高中物理‘问题导学·自主探究·交流讨论’教学方法的实践研究”等。其中，第一个课题关涉新课程背景之下历史教学的根本转向问题，也是当前历史教学的一个根本性问题。第二个课题中的“任务型教学法”在当前英语教学中极为重要，也较为成熟，自然不是微型课题所能研究得了的，何况还是一项“实验研究”。第三个课题是对一种教学方法或教学模式的建构研究，同样不可以置于微型课题的小小框架内。

当然，“微”也有别于“微乎其微”，太小的、一时半会儿就能思考清楚、解决彻底的问题亦不宜作为微型课题来研究。如，“一道平面几何题的多种解法研究”，这纯粹属于学科知识范畴，而无教学论意义 —— 关于学科教学的微型课题，应该追求或赋予一定的教学论意义；而且最多一课时就能研究透彻的多种解法，大可不必以微型课题为载体去研究它。

（二）成型

“成型”指可以由点及面，推而广之，实现“类型化”。

正面的例子，如“课堂‘提神’用什么招”“怎样夸孩子最有效”。“提神”，即激起学生的学习兴奋点，“招”是指一些方法、技巧。每一堂课都需要“提神”。在目前课堂（特别是小学课堂）夸奖之风太盛、掌声此起彼伏的情形之下，确有必要研究提高夸奖效率的问题。此课题研究与发现的成果对其他教师、其他课堂也有一定的普适意义。

考量一个问题能否成为微型课题，可从它能否实现类型化这一点上着眼。因为它是“成型”的，是对“类问题”（而非独此一家的“个问题”）的研究，因此我们必须予以持续关注。

（三）应时

要适应、符合社会发展形势和教育趋势，不滞后，不落伍，而不是刻舟求剑，或者“不知有汉，无论魏晋”。

正面的例子，如“‘好孩子’情感障碍个案研究”。李镇西老师在《爱心与教育》一书中说：“面对‘优生’，教师在深感‘幸运’的同时，更应该意识到：‘优生’教育的艰巨性、复杂性，绝不亚于对其他学生的教育。”“好孩子”就是李老师所说的“优生”，依我看，“优生”教育的艰巨性、复杂性最主要、最关键的就在于，其抗挫性较差，常有一颗易碎的“玻璃心”，有情感或心理障碍。这个问题当然不是当代或现在的中小学生才有，却于今为烈，它有着非常鲜明的时代特征。因此说，这个课题是应运而生的，研究它有紧迫感。

再如，“小学生无私品格培养的个案研究”。初看起来不错：优良品格应从小培养；就某一个个案（学生个体）进行研究，而不及其他，也具有微小的特征……我曾请一些教师对此进行辨析，有的说，品格培养是长久的乃至一生的事，不是短短一段时间所能济事的。这样理解自然有一定的道理，但我以为，最大的问题却不在这里，而是在“无私”二字上，质言之，我们今天有无必要又能不能培养小学生的这种品格？

什么是“无私”？我想起人们赞美焦裕禄的一句话：“他心里装着全体人民，唯独没有他自己。”这其实是一种“圣德”，也就是圣人才有的品德。培养小学生的无私品格，实际上就是要把小学生培养成圣人，是对小学生的一种圣化。这在过去的年代里，确为一种德育追求，有人把那个时代的德育称为“神性德育”。而今天的中小学德育应该是生活德育，学生应该“健康、安全地生活，愉快、积极地生活，负责任、有爱心地生活，动手动脑、有创意地生活”。这是小学“品德与生活”课所追求的目的，其实，在整个基础教育阶段，它都有适用性。叶澜教授说：“我们不可能要求在我国每一个人都符合社会主义和共产主义的道德要求，但必须要求每个人都应具有公德。”鲁洁教授则指出，“做成一个人”是“道德教育的根本指向”。我们要培养的是正常、健康、和谐的“人”，而不是无视自我生存与幸福的“圣”，更不是不食人间烟火的“神”。这关系着德育工作的时代性，也关系着德育工作的根本方向。

（四）正向

“正向”即微型课题要有正面、正确的价值导向。它来自对教育问题时代性特征的准确把握，也来自对教育内在规律的科学理解与正确判断，等等。

先来看“小学语文试卷人性化设计的研究”。它是正向的，因为对试卷命制，研究者有着一定的设计意识，体现了有关教学设计的新理念；因为它关注设计过程与结果的人性化问题，试卷是面向人、为了人、训练人和提高人的，应该有鲜明的人性色彩、人文特征。我到网上搜索了一下，发现关于试卷命制工作的人性化问题，有较多信息，但这些信息大多还停留于对试卷外在呈现形式的人性化问题的关注与考察之上。譬如，有的提出要有若干温馨的提示语，可以配上几幅能引发学生学习情趣的卡通图片，等等。这些做法也能表现出一定的人性化色彩，但还显得较为狭窄、浅陋。试卷设计者更要关注命题的内容、容量、难度等一些实质性的问题，只有当这些问题都得以较好解决时，人性化才有了实现的可能。

再来看“合理使用‘心罚’的研究”，它显然不是正向的。所谓“心罚”，顾名思义，是对儿童心灵的处罚、惩治、摧折。苏霍姆林斯基说：“要像对待荷叶上的露珠一样，小心翼翼地保护学生幼小的心灵。”国家教育委员会原副主任柳斌反对用故意给学生的心灵带来伤害的言语或行为进行挫折教育的做法。著名作家张贤亮在做客中央电视台《艺术人生》节目时，结合自己的一段痛苦的求学经历，疾呼不要让学校成为人生苦难的起点。可见，“心罚”本身就不合理，又岂能“合理使用”？

再如，“微笑在教育过程中的应用”，同样不是正向的。教师应该经常微笑着面对学生，一位中学生在《假如我是教育部长》一文中说，要开除那些不会微笑的老师。微笑理应是人内心深处美好情感的自然流露和表现，“应用微笑”一说值得质疑。因为这时，微笑已由一种情感异化为一种手段，有很强的刻意性、寻利性和庸俗性。在难以奏效的情况下，微笑者很有可能雷霆大怒，急风暴雨。陈桂生教授在《也谈善待学生》一文中说：“教师对学生‘爱’的表示，如非出于公心与善意，而作为‘感情投资’，夹杂讨好学生或其他不良动机，不但得不到学生尊重，某种‘作秀’表现甚至会成为学生的笑柄……如果刻意对学生进行‘感情投资’，即使成为‘教育秀’，博得校长、上司的欢心，最难骗得过的，是学生的眼睛。”[①] 此处的“应用”即属于陈教授所说的“感情投资”，就是一种“教育秀”，它自然无以生成积极、正向和丰富的教育价值、教育效果。

① 陈桂生．教育闲评［M］．上海：华东师范大学出版社，2007：128.

（五）可行

可行与否，对不同对象、不同条件和不同情境，不可一概而论。

一位农村教师的微型课题是，“幼儿心理特征对语言学习的影响及对策研究”，它不大可行。第一，这个课题的专业性很强。如幼儿心理特征、幼儿语言学习的内在机理，以及这两者之间的关系，这些都不是凭感官经验、直觉判断等能够加以分析、阐释和揭示的，需要依靠较为精深的专业知识，或者较为持久的专门学习的支持与支撑。而研究者作为一名农村幼儿教师，不大可能拥有上述知识或经历，往往缺乏从事这项课题研究的“硬件”和“软件”条件。第二，无论是幼儿的心理特征，还是幼儿的语言学习，都有其内在的、较为深奥的密码，要较好地解读它们，常常需要运用实验研究法，这在微型课题研究中基本上是不适宜的。第三，这个课题所指向和研究的问题域较大，一般也不适宜通过微型课题去运作。很巧，一位幼儿教育专业的硕士研究生的毕业论文与此大致相同，最终获得了成功。可见，可行性是一个相对的概念，对此应做具体分析。

再如，“农村小学如何开好家长会”，这是一个极具可行性的课题。虽说班主任召集并开好家长会，也要有一定的教育专业理论知识的支持，但这些知识本身的专业性有弹性。有较为精深的教育专业理论知识固然很好，倘若没有这些，而有较为丰富的实践经验、“实战”技术，应该也能愉快胜任。它的可行性还表现在，研究的问题较为单一，又很有价值；同时有一定的难度——农村家长文化素养普遍较低，对教育常常缺乏必要的理性，质量较高的家长会应能帮助他们提高对教育的认识和理解水平，使其更好地参与到对孩子的教育之中。另外，教师、家长之间可能存在着一定的沟通障碍，班主任理应更好地研究和贴近家长的心理，想他们所想，急他们所急，解他们所惑，助他们所求。而要达成这些目的，班主任既要基于、依靠自己的实践经验，还要对这些经验进行理性的审视、澄清和提升。此时，微型课题研究是最理想的选择。

（六）深度

不宜抬高微型课题研究的“入门条件”，这不利于它“飞入”寻常教师间。但从另一种意义上说，它又有一个潜在的目的追求，即帮助教师深化对教育的理解、体认，促使他们成为有智慧的教育者。

这就是说，微型课题研究要有内在的深度，而不能从经验走向经验，“用萝卜来烧萝卜”。当然，“深度”不等于“深刻”，但也不反对有一定的深刻性。我倡导“把微型课题研究也作为一种学问来做”。微型课题的“深度”“深刻”来自研究之深、思考之透，也来自我们对有深度、较深刻的教育思想、教育理论的自觉借鉴和运用。

如在“怎样夸孩子最有效”中，关于“夸奖”问题，有两段很精彩的论述。

第一段是古罗马著名教育家、哲学家、演讲家昆体良的论述：

> 现时流行的一种最坏习惯是所谓恭维，即不管是好是坏，学生们都不分青红皂白地互相喝彩，这是一种不合适的、戏剧性的、与纪律严格的学校不相容的习惯。此外，它对于学习还是一个具有破坏性的敌人。因为如果不管说了点儿什么，就立即得到暴风雨般准备好了的赞扬，在学生看来用心和勤奋就完全是多余的了。[①]

第二段是陈桂生教授的，他在《“赏识教育”平议》中说：

> 廉价的叫好，比唠唠叨叨的批评好不了多少，它同样会使年轻人心烦。真正不可抗拒的批评，是不轻易的批评。同样，真正有力量的夸，是难得的夸。[②]

---

① 丁锦宏，等．走近教育大师：中外教育家言论辑评［M］．北京：北京大学出版社，2006：247.
② 陈桂生．教育闲评［M］．上海：华东师范大学出版社，2007：209.

联系到我们的课堂，特别是进入新课改之初的课堂，几乎是不夸不成课，到处是“哇”声一片。殊不知，过度的夸奖必然导致“夸奖贬值”，也必然导致学生的“夸奖（表扬）疲劳”。陈教授的思考是辩证的、深邃的，而昆体良更让我们折服，他的思考穿越时光的隧道，烛照了今天的新课程、新课堂。我曾写过一篇随笔，《为“不夜城”熄掉几盏灯》，我们的课堂也不宜成为“不夜城”，过度的“光照”同样是一种“环境污染”——“光污染”。

我提倡一线教师、微型课题研究者能择理论之高枝而栖，这将使我们不仅享受到研究的乐趣，而且能获致思想的幸福！

好的课题都有着内在的相似性，一定兼具以上六个方面（微小、成型、应时、正向、可行与深度）的品质，它们既体现在课题选择上，也体现在方案设计、具体实施中。不成功的课题未必兼有与上述品质相反的各种缺点，但至少有其中之一，而每一种缺点都有可能是“致命”的。

四、沙里世界：一片有待开发的风景 —— 说生成

发现一个问题比解决一个问题更重要。有不少老师也想搞研究，做微型课题，但常常苦于不会发现问题，不善于对问题进行“转化”。而发现和“转化”，恰恰是微型课题生成的关键，可以说，良好的生成是成功的一半。

我说微型课题生成于“沙里世界”。现代著名作家郁达夫说：“一粒沙里看世界，半瓣花上说人情。”钱钟书先生在谈中国诗、中国画时打过一个比方——“从飞沙、麦浪、波纹里看出了风的姿态”。微型课题最适宜生成于课堂现场中的某个（些）细节处，生成在这些问题或困惑中的某个（些）“沸点”上。

我曾写过一段文字：“微型课题应该是方寸之内可驰骋的篆刻，应该是尺锦犹见‘上河图’的苏绣，应该是碧水倒映蔚蓝天的清溪……一个转瞬即逝的细节，一句无意有心的话语，一场别开生面的对话，都可以牵出一个韵味无穷的微型课题。”

几年前，我在苏州市张家港市沙洲小学听一位全国著名小学语文特级教师的课——《圆明园的毁灭》。课上得非常好，不过她对一个细节的处理我不太赞同。

这篇课文中有一个成语，叫“亭台楼阁”，老师让一排学生“开火车”读下去，到第五个同学时却卡壳了，他读成“亭台阁楼”。老师纠正、示范，一遍又一遍，可他“依然故我”，以至于越来越紧张，小脸憋得通红，读了十几遍之后终于读对了，全场响起热烈的掌声，老师更是以跷起大拇指、开怀大笑表示夸奖。我认为，这位老师精神可嘉，方法不可取。“可嘉”在于，她富有爱心、耐心、恒心和同情心。不可取之处有：第一，无形中浪费了教学时间，教学时间是不可再生的资源，马克思说，“一切节约归根到底都是时间的节约”。第二，很显然，该生越是想把事情做好越是紧张，教师此时过多的关注、期待只会加剧他的紧张，使其陷入一种窘迫的心境之中，好心有可能做成坏事。第三，这个成语认知难度不大，在另一种情境下，他一定能轻松读对，而在此处却耗费了不少心力，实则潜藏着一个教学效率问题……这一细节值得玩味，当时我正开始关注微型课题研究，我就想，这可不可以“转化”为一个微型课题——“课堂‘等待’问题研究”呢？

这不过是刚刚开了一个头。接着，我特别留意在其他课堂里有没有“等待”的问题。我注意到，著名特级教师李庾南在一次面向几百人的大型公开课上发现一位平时口吃严重的学生第一次流露出想要发言的目光，她果断地给了这位学生机会，可他站起后却嗫嚅难言。差不多过了一分钟，有一位学生指着自己的手表提醒老师注意时间，李老师还是继续把鼓励的目光送给他，结果他石破天惊般地第一次在大庭广众面前发了言，此后变得自信起来。再如，重庆市优秀青年小学语文教师张咏梅，在一所山村小学上示范课，在自由朗读课文的环节，一位瘦小的男生落在后面，大家都读完了，他还一字一顿地读着。张老师示意大家不要打扰他，等他按照自己的节奏读完……至此，“课堂‘等待’问题研究”已经水落石出了。

我曾在多个地方讲过这个课题，一位老师深有同感，在我的指导和支持下，结合自己的教学实际以及日常观察，对该课题进行了两个月的研究，最后撰写并发表了论文《关于英语课堂“等待”问题的几点思考》。就这个微型课题，肯定还有更多的资源可以挖掘，还有更多的文章可以去写。

这是一个比较成功的个案。就它的生成过程及方法，我总结如下：先由一点（一个课堂细节）引发，再运用相似律进行联想，或在事件之间进行勾连，使原本点上的“个问题”得以类型化，成为面上的“类问题”。我以此指导更多的教师生成微型课题，屡试不爽。

几年前，江苏省淮安市金湖县教育局邀请我去做微型课题报告。我主动说，用一天时间，上午大家先一起听两堂课，由我现场生成一些微型课题，下午再做报告。他们欣然同意。听的两堂课是，一堂小学语文课《我和祖父的园子》（作者萧红），一堂初中数学课“相似形”。我即兴生成近20个“微型课题”。这里选择若干加以呈现。

先来说语文课。

第一个是，“小语课堂中知人论世‘度’的把握研究”。大家知道，萧红是现代著名女作家，身世很不幸，31岁就离开了人世。这篇文章写她童年时期，在祖父的关爱下无忧无虑、自由幸福的生活。所叙事情发生在菜园里，这个菜园也是作者童年的“乐园”和“家园”。执课老师在和学生一起尽情分享作者的快乐与幸福之后，还适当介绍了《呼兰河传》（该文选自其中）的其他一些内容，学生先前的欢快情绪消失，顿时变得沉郁起来。显然，他们也为作者的身世而难过。可见，此处教师引述文外资料的教学方法是对的。小学语文教学，我们往往要来一番课外链接，要让学生适当地知人论世。当然，这不宜过度，倘能把握好度，便可帮助学生拓宽视野，加深理解，提高效率。

第二个是，“守成与应变：课堂板书效度问题研究”。许多教师都会在课前精心设计板书，好的板书能提纲挈领，能画龙点睛，能传神达意。这位老师的板书设计是这样的：

我和祖父的园子

萧红

美丽的　菜园

自由的　乐园

幸福的　家园

精心设计之后当然要尽量在课堂里付诸实施，加以表现，这就是我所谓的“守成”。但不宜拘泥于此，而要相机应变。譬如，老师要学生们在“家园”之前添加一个形容词，有的说“快乐的”，有的说“甜蜜的”，有的说“惬意的”……老师都没有采纳，而是一味地在那里“导”和等，终于有学生说“幸福的”，她似乎松了一口气，马上把它写到黑板上。可见，她守成有余，应变不够。这会在一定程度上影响学生学习力的自由生成与激发，影响课堂促进学生智能发展作用的发挥与提升。

第三个是，“教师‘化零为整’提问策略研究”。教师碎问、学生碎答的现象十分普遍。这位老师的课上也出现了这样的情形。她完全可以把那些零打碎敲的细小问题整合起来，以较大的、能够架构起课堂主体内容的问题呈现出来。这将有利于学生思维较大幅度的、整体的推进。学生思维的有效推进必须仰仗教师所提供的空间，而碎问碎答难以提供或创造出较大的空间。（我的这一想法后来不断发展，基于此我提出“以‘框架性问题’为课堂‘立脑’”的教学主张。）

第四个是，“语言品味中培养与强化‘差别感受性’的方法研究”。学习语文，也可以说就是在学习语言。而学习语言，在一定程度上又可以说，就是在学习、体会语言的“此”与“彼”的差异。法国作家福楼拜说，一个动作可以用很多的动词描述，而其中只有一个是最准确、最恰当的。我们也要培养学生辨别、发现与运用“这一个”的能力，培养他们对语言内在差别的感受性。“差别感受性”由李吉林老师首倡，她在课上经常用另一个或另一组词（短语）去替代文本中原有的词（短语），然后引导学生比较、领会它们的优劣或巧拙。《我和祖父的园子》语言颇具特色，尤其是第 13 小节，作者不是用很规范或者较为典雅的现代语言去表述，而是纯粹出之于童心、童口，字里行间甚至不无疯癫之意、颟顸之态。教师可以尝试把这些词语替换为规范或典雅的语言，再让学生品味这两者的异同。由此他们应能感受到，唯有这种憨态可掬的语言方可传达出童年萧红在祖父的菜园（更是她的自由乐园、幸福家园）里才能感受到的无上快乐。

第五个是，“聚焦透视、以简驭繁的教学策略研究”。这一课篇幅较长，内容较多，用一般的方法去教，不仅费时，而且可能不得要领。我们可以从一点切入，或者以一线相牵，而这个“点”、这条“线”就藏在文题之中。从语法结构的角度分析，它有两种意思：一是“‘我’和‘祖父的园子’”，一是“‘我和祖父’的‘园子’”。那么到底是哪一种呢？教师可以抛出这个问题，让学生自由辩论，并要他们结合课文内容说出自己理解的依据。其实，这两种结构意趣迥异，后者才符合作者的意旨——“我”和祖父相濡以沫，融为一体；与其说园子带给“我”快乐与幸福，不如说祖父才是“我”快乐的源头，幸福的“家园”。聚焦、透视这个题目，能起到以简驭繁的功用。

再来说说数学课。

第六个是，“对自我课堂进行‘瘦身’的策略研究”。执课者为一位青年数学教师，他有点儿贪多求全，网罗了许多相关信息，一一在课堂里呈现，使课堂容量过大，课堂“体态”显得较为臃肿，因此有必要对其进行

“瘦身”。

第七个是，“数学课堂‘渗透’道德意义问题的研究”。这位教师非常关注三维目标之一——情感、态度、价值观的达成，高频度地向学生灌输一些道德观念等。在课堂教学即将结束之时，他又投映出两段文字，一段是马克思关于科学征程上没有平坦大道的名言，一段是华罗庚关于“勤能补拙”的良训，最后还勉励学生为中华之崛起而学好数学。赫尔巴特有言，没有无教育的教学。数学课重视道德意义、道德价值的实现，这本身没有错，但教师要把准时机、注意方法、做到适度。否则，无论是道德灌输还是渗透，都可能适得其反。

第八个是，“教师‘接球’的情智问题研究”。日本著名教育专家佐藤学先生把教师在课堂中的倾听及其所采取的教学应对称为“接球”。课堂教学的成败在很大程度上取决于教师“接球”意识的强弱、“接球”水平的高低。这位青年教师有时对学生发来的“球”表现冷淡，漫不经心；有时较为热情，却处置欠妥。鉴于此，我们可以从教师的情意态度、教学智慧这两个角度去研究教师课堂“接球”的问题。

最后一个是，“设置辨误情境，提升思维含量的策略研究”。青年教师容易操之过急，不时有“把真理奉送给学生”（第斯多惠语）的情形。这位老师多次向学生直接呈现正确结果，可以说犯了教学大忌。其实，有的时候，我们无妨故意把学生引入一条思维的歧途，或者故意创设一个错误的认知情境，再引导他们对此进行探索、辨析。由错误走向正确，其间虽经过一段弯路，但这比直奔目的地更能锻炼学生的思维，更能帮助他们提升思维的含量。李庾南老师称之为“诱误性引导”，这是她的七个主要“引导法”之一，值得我们学习和借鉴。

微型课题研究是一个思维平台，是一条思想路径。缺乏思维、没有思想，我们的教学将是死寂一片的沙漠；而有了思维、有了思想，即便是沙漠，也能生出“这边独好”的风景。一粒沙——一个教学细节可以生成风景；一片沙——一段课堂情节、一种课堂现象更能让风景演绎得精彩美妙。如果说“课堂‘等待’问题研究”是由“一粒沙”渐渐孕育出来的一片风景，那么我去金湖县听课及其后生成的若干微型课题则是由“一片沙”豁然洞开的一个世界。只有这样，思想与智慧才能垂青于我们，好的微型课题才能“下嫁”于我们！

五、殊途同归：一脉分而后合的溪流 —— 说研究

我与南通市教科研系统的一些同志曾就这一新生事物各抒己见，这自然会涉及它的价值取向及价值追求问题。我倡导，“把微型课题也作为一种学问来做”。我的理由是，越来越多的人承认，教师是一种专业，必须有一定的理论基础，乃至有一定的学术品位。要不然，它的专业性就难以得到保证和体现。何况教师队伍中高学历者日益增多，高知人群都应有一点儿学问兴趣、学问色彩。对我的意见，也有一些“反对派”。他们说，微型课题研究指向教师的实践，指向实践行为的改进，通过它把课上得更好一些，把工作做得更出色一点儿，那就够了，不必有什么“学问”追求。

诚然，微型课题研究（一般）不是专家、学者的研究，不是经院式的研究，也很难划入狭义“教育科学研究”的范畴。它是一种“草根化研究”，这已经形成广泛的共识。

对“草根化”，我们无妨这样理解：它是一株“草”，而不是名卉贵木，能植入或自然生长于寻常百姓家的庭院、田头，表现出极强的可生性、普适性、大众性；它要牢牢扎“根”于实践或现实的土壤，对实践与现实必须紧密观照，敏捷反应，适当完善；它的目的在于“化”，即通过优化教师内蕴而优化教育生态，优化师生的生命质量。

但“草根化”不等于通俗化，它也可以做得十分精致，颇有深度。如，如皋市两位老师共同研究“多动障碍儿童的特点及矫正策略个案研

究”。她们先后请教了高校专家，查阅了几本儿童心理专著，还进行了若干前测和后测，得出了一些数据信息，并就此展开分析，获得结论。她们的研究是“草根化”的，却兼具实践与理论这两种价值、两种追求。实践取向值得尊重，理论取向也可欣赏，倘若它们像两条分而后合的溪流则最好，那将使研究蔚为大观。

下面我再各举一例，分别说说这两种取向的问题，大家由此也可以学习、体会、领悟微型课题研究的一些方法。

第一例是由我来做的。我是一名专职研究人员，我的研究当然应该体现一定的理性价值、理论取向。这项研究前前后后有一年多，其间自己并未意识到是在做一个微型课题。这说明：第一，微型课题研究方式、路径、表现等完全可以不拘一格，多种多样；第二，实际上，我们平时所做的有些研究大致就在广义的微型课题研究范畴之内，而我们所写的较为成功的教育教学论文，以及其他一些研究所得，有很多就是微型课题研究的（终端）成果。

我做的课题是，“关于‘亲情语文’教学中人道主义‘悖论’的思考与研究”。

几年前，我参加南通市“名师之路”征文评比，如皋市下园小学朱亚红老师的文章《把窗儿打开 让阳光进来 —— 我的教育故事》引起了我的注意与思考，于是有了这个“微型课题”。

这篇文章写的是作者与班上一名叫“康”的学生情感交流的一段故事。“康”在周记中写道：

朱老师，从您走进六年级（3）班的第一天起，我就觉得您像我的那个人！真的！可惜，我从来不敢提那两个字！每当您说起给您女儿买这买那的时候，我总是莫名其妙地激动，总感觉我就是您的儿子，您就是我的那个人。老师，怎么办？帮帮我吧，马上就要教到写那个人的作文了，我怎么办？我没有呀，真的，我没有 —— 妈妈！从来都没有！班上没有一个人知道，您是第一个！秘密，求您为我保守，永远……老师，如果您是我的妈妈多好！……

“康”马上要写一篇作文了，但因为没有妈妈而无法去写，他为此备感精神折磨与痛苦。这是苏教版小学语文六年级上（第 11 册）第二次作文。它是这样的：

从小到大，我们沐浴过多少爱呢？数不清。你对一直疼爱、呵护你的爸爸、妈妈表达过爱吗？今天回家做一件事，想一想爸爸妈妈平时是怎么爱你的，然后跑到爸爸（或妈妈）面前，看着他的眼睛认真地说：“我爱你！”实在不好意思的话，就写在纸上给他看。爸爸（或妈妈）会有什么样的反应呢？试试看！哦，别忘了把整个过程记下来，让老师、同学一起来分享。

难怪“康”会写出这篇与他的年龄不甚相符的“悲情周记”。

没有妈妈本身就是一场巨大的精神厄运；在此情形之下，还要叙写（抒发）妈妈（自己）对“我”（妈妈）的爱，这是不是有点儿在受伤的地方撒上一把盐的味道？试问，教材编者怎么可以对“康”和像他一样遭此厄运的孩子们不管不顾、漠然置之？岂止如此，还要加深他们内心的伤害，让他们再遭一劫——“康”从拿到书本的第一天起就处于一种焦虑痛苦、欲告无门、走投无路的状态，这难道不是一场“劫难”吗？

我曾和朱老师通电话，她告诉我，在他们那里，像“康”这样的学生不是极少数。进一步说，倘若只有“康”这样一个独自的个体，教材的编者、教者也有必要虑及“这一个”，虑及他（她）的境况和内在感受。学者何怀宏说：“只要有一个人还挣扎在我们只要给予帮助就能得到改善的悲惨生活境况，就应当足以使我们不安了。”（《中国忧伤的一角》）鲁迅则说，“无穷的远方，无数的人们，都和我有关”。对这些“和我有关”的孩子，你不安了吗？

对弱势个体，我们应该给予更多的关切。教材的编者应该想到，在一些孩子畅享父母疼爱、家庭幸福的时候，还有另一些孩子却置身残缺的家庭，过早饱尝人世的艰辛。有人批评现在的中小学语文教材反映出两种不利的趋向，一是成人中心，一是城市中心。这两点在这道作文题中得到充分表现：作为成人，编者较好地顾及了乡村孩童了吗？没有。当然，在离婚率居高不下的今天，城市孩子也有一些遭遇家庭破碎之不幸的，也有一个个“康”。我们的教材及其教学，应该把更多的阳光雨露洒向这些苦难的个体，以及他们所在的苦难的角落！

温情脉脉的情境对部分学生而言却可能是刮着寒风，下着冷雨。这是一个矛盾，是一道“悖论”，它将与“亲情语文”永远同在。通俗地讲，“悖论”是指做某件事不好，不做某件事也不好。义务教育阶段应该教“亲情语文”，它的教学目的在很大程度上就是给予学生人道主义情感的熏陶，而它又极有可能对一些学生构成人道主义伤害，乃至“人道主义灾难”。譬如“康”，千万不可小视、忽视他所面对的“灾难”，及其无路可走的困局！“悖论”往往是不可以完全化解的，只能缓释它的内在张力。至于怎样去缓释，这个问题值得我们进行专门研究。

问题确定之后，我是这样研究的——

首先，注意积累、考察相关的教材（篇目）或教学案例。“亲情语文”的篇目不少，如小学的《爱如茉莉》、初中的《甜甜的泥土》、高中的《多年父子成兄弟》，等等。我曾看过一堂课，一位青年女教师到另一所（城市）中学借班上作文课，题目是“我的父亲母亲”，要求学生对父亲或母亲的手进行细节或局部描写，写成片段，当堂写完、交流和评点。

其次，认真思考其中可能存在的问题。除没有给予特殊个体或群体特别关爱之外，它最突出的问题是，主题陈旧，缺乏时代气息，容易产生负面影响。

先以《甜甜的泥土》为例，它是苏教版八年级上学期的一篇讲读课文，放在“至爱亲情”单元，是台湾作家黄飞写的。内容如下：王小亮8岁生日那天，（亲生）妈妈到学校来，托传达室的大爷转交给他一包糖果，他非常开心，把一些糖果分给同学和老师。老师接过糖果，悄悄背过身去……小亮把剩下的糖果带回家去，将要到家时，他想到爸爸很凶，妈妈（后妈）也挺可怕，不能让他们看到糖果，知道他和（亲生）妈妈之间的秘密。他把糖果埋在路边的雪堆中，并且做了记号。第二天，他早早起床，做好家务，赶往学校，想赶紧挖出糖果。由于地温回升，冰雪消融了，糖浆和雪水混在一起，渗入大地。地面上只剩下几片糖纸。小亮用手指轻轻挖了一点儿泥土，放在嘴里。他，又笑了：那泥土，甜丝丝的。

第一次听这一课，我就判定，这是一篇问题不小的“病文”。一是它不够真实，此种处境下的孩子，他的心态不太可能如此阳光。二是它所宣扬的无非是“世上只有妈妈好，有妈的孩子像块宝”，无非是只有血缘才能维系情感，这与新时代的新伦理、新理念大有冲突。三是它极有可能引发消极的教育效应 —— 离异而又重组家庭的、有后妈的学生，倘若后妈对自己不错，他可能因此怀疑这是虚情假意；倘若后妈对自己不好，他则可能产生“同是天涯沦落人”“天下后妈一般黑”等感受。我相信，自己的判定是有道理的，后来也在网上读到对这篇课文进行质疑和批判的文章。可我多次观摩有关这一课的教学，却从未见到有一位教师（包括特级教师）对此有所怀疑，他们都奉之为典范。几乎每一位教师都在那里煽情，如让两位学生扮演母子，让他们通电话、诉“衷肠”；让学生以“爱是……”的句式，对文中有关事件或意境进行组接，转化为一首诗，等等。教师似乎都很动情，都很投入，但越是这样，越让我看到了独立人格的缺失、批判精神的缺席，越让我感到失望、悲伤乃至“忧愤”。另一版本高中语文教材收录了肖复兴的《母亲》，写继母对他们这些孩子的疼爱。仅此一点，我就敢说，这两篇同类题材的文章，其旨趣、境界（囿于血缘亲情的“小爱”和超越血缘亲情的“大爱”）有天壤之别。今天我们不能再以老眼光看待新形势、新事物、新问题，落伍意味着对时代的拒斥和叛离！

还有一种倾向是，太多地凸显父母“恩重如山”，脱不了“成人中心”的窠臼，多少带有一些旧的伦理道德的痕迹。有些“亲情语文”，最后被演绎为“思品课”，或者“感恩节”。前不久，我听过一堂初二语文课——《我的母亲》。课文是邹韬奋先生所写，叙述早逝的母亲疼爱他的四件事情，笔致细腻，感人肺腑。第二课时，执课老师请来全班学生的家长，后半节课，让大家面对父母亲，仰面抚胸，深情呼唤：“爸爸，妈妈，我爱你们，感谢你们……”，还请家长代表发言。场面令人感动，不少学生流下热泪。下课时，老师又趁热打铁，布置一道课外作业——回去后为爸爸妈妈洗脚。这一课或许真的引发了学生心灵的震颤、情感的回响，但我还是对此持不同意见。一是语文课应该有对学科本身的持守，教师不要越俎代庖，将其上成“思品课”；二是我们应努力促使学生将从此获得的情感生成为一种人生理性，转化为一种理智力量，而不是让感动或感恩的潮水全盘占据他们的心灵世界，或湮没他们应有的理性或理智。否则，将不利于他们平等独立、清新刚健等积极人格的积淀和养成！

再来看上面说到的《我的父亲母亲》一课。评课时，我在对执课老师予以肯定和赞赏之后，提出了两个问题。第一，执课老师课前没有接触过这班学生，应该不知道他们的家庭状况，此时教写这篇作文，如果引发了一个学生乃至部分学生内心的痛苦（尽管后来证明没有此“事”，却存有此“理”），该怎么办？第二，让学生写父母的手，选题角度及立意看似都很新，但学生“操作”起来有困难，因为个性化的手不多，而要他们写无个性的东西，有些勉为其难。还有，让学生写父母之手，无非是想借这一典型意象，表明父母含辛茹苦，建设家庭，拉扯孩子长大成人，那么是不是每一个父母都是这样的呢？有没有不务正业、好吃懒做甚或步入罪途这类父母呢？如果有，写他们的手又有何意义？等等。

我的质问绝不是钻牛角尖，我们的教学实践应该以更强的理性智慧来观照和指点。此后不久，我从刘云杉的《真的声音是如何消失的》一文中读到一段很有意思的材料：

在大学英语课上，外教让学生写一篇作文《我的妈妈》……第二次上课时，大家得意地看着老师，等待夸奖。老师却很沉重，她用一种悲悯的眼神看着大家，说："我想不明白，你们的妈妈怎么都是一个样子？都是勤劳的、贤良的、忍辱负重的？你们的妈妈没有偷懒的时候？没有贪婪的时候？没有内心欲求？没有自己的表达？这些你们怎么都看不到？"

"外教"与我的想法不谋而合，这段材料也有力地支持、支撑了我的有关想法、观念。

另一方面，它还是我在进行本研究的过程中搜集发现的、将来可以作为立论论据的重要资料。"天下父母都一样（勤劳、仁爱）吗？"未必如此。"亲情语文"教学还应该有，但我们也应该拥有理性审视的慧眼。

资料搜索与积累在整个研究过程中不可或缺 —— 这也是我关于这一问题研究的第三个环节 —— 好的、有效的资料一定垂青有所准备的大脑。如果大脑无准备，那么上面看似寻常实则有力的资料你将过目即忘。

关于传统伦理道德中"成人中心"取向的批判，我还注意到鲁迅先生在《我们现在怎样做父亲》一文中的几段话。

生出子女，对于子女当然也算不了恩。 —— 前前后后，都向生命的长途走去，仅有先后的不同，分不出谁受谁的恩典。

对于子女，义务思想须加多，而权利思想却大可切实核减，以准备改作幼者本位的道德。

觉醒的父母，完全应该是义务的，利他的，牺牲的……

这是鲁迅先生一个世纪之前发出的声音，一直闪耀着真理的光辉，现在依然振聋发聩。

本研究还须关注人们在对“少数人”或弱者的态度等问题上的意见和观点。在此方面，我搜索到劳凯声教授有关“学校功能发挥的‘弱势控制论’”的论述。他认为，“应使强者扶助弱者，从而使弱者变强，教育在这方面负有不可推卸的责任”。此外，还有学者认为，弱者受到关注与重视的程度决定了社会或群体的文明水平；而世俗的、区别于宗教的人道主义主张，“人道主义是少数人向多数人索要权利的过程”。鉴于这些观点，我认为，以唤醒和弘扬人性、人道为主题的“亲情语文”绝不能不尊重“少数人”或弱者的人性需求和心理安全需要。

最后，我写成论文《“亲情语文”中一个值得注意的“悖论”问题》，发表于《语文学习》2008 年第 6 期。文末，我这样写道：

首先，要在教材编选（或编写）上慎之又慎。如《甜甜的泥土》一类容易对学生产生误导作用，也因而引起一些读者争议的文章不宜入选；而如《对父母说声“我爱你”》之类的命题，则宜用商榷语气，改为“你想对父母（或爷爷、奶奶等）说些什么心里话呢？请把它写下来”。文本内容最好能与当下学生家庭生活的某些具体情景保持一定的距离，提倡多选《背影》一类的经典名篇。建议选入一些表现新的伦理价值观或新型人伦关系（如父子之间、上下辈之间平等对话，共同成长）的篇目，如汪曾祺的《多年父子成兄弟》等。建议能在文本内容的表现维度上进一步多样化、丰富化，既有情感（亲情）的维度，也有精神、意志等的维度；既基于情感，又超越情感，以此彰显或唤醒奋发向上的人格力量。总之，取材的视域要更宽一点儿。

其次，在思之有理、言之有据的情况下，可以引领学生“超越教材”。既可以对教材篇目适当更易，也可以让学生自由发表看法，指摘其中的不足，以培养其批判性、独立性思维。一位青年教师在我的指导下备《甜甜的泥土》一课，就采用了后一种方法，学生发现了本篇文章的若干问题。可见，它已经超越了一堂常规讲读课的意义与价值。

再次，教师要充分尊重不幸学生的“消极自由”（即不做某件事的权利），允许乃至预先告知他们可以不学或不写，而不要在他们受伤的心灵深处再添加一道创伤。当然，更倡导对他们实行积极的人道主义“精神援助”，想方设法引导他们走出心灵阴影，在一个博大的情感背景下，促使他们成为情感健康、心灵和谐的“新人”……

第二例是如皋市东陈初级中学冒北林老师做的，我们来看他的“研究报告”。

利用农村资源节约化学实验成本的研究

2006年，如皋市教研室组织了一次化学新教材评优课活动，其中一个课题为“酸碱指示剂的探究”。教材设计了一组“演示实验”和一个“学生活动与探究”。在按教材进行教学设计和实验准备时，我发现“学生活动与探究”的设计与操作并不难，但按教材设计找到合适的制取酸碱指示剂的花瓣和果实却成了问题。

在以往的化学实验中，我们也常常遇到类似的问题，如实验仪器不足、药品不全、许多实验受季节性因素影响等。而当教学实际情境与教材要求发生矛盾时，我们往往选择放弃，通常以讲实验代替做实验，用标准实验现象和结论的模子来框住学生。这次是评优课，当然不能放弃实验。我们只能从城里的花店购买鲜花来做实验。事后我想：一枝玫瑰5元，20枝就得100元，如果每次实验都用鲜花的话，那得花多少钱？而且，初中化学实验教学中，有6个“演示实验”、9个“学生活动与探究”和10个“家庭小实验”，这些实验所涉及的化学用品如果都花钱买，我们将无法承担这部分花销。于是，寻找化学实验替代品就成了我们急需解决的问题。我把这些实验的设计和教法拿到化学组内进行研究，并申报了微型课题“利用农村资源节约化学实验成本的研究”。

研究从寻找制取酸碱指示剂的替代品开始。通过查阅资料，我发现可以替代鲜花来制取酸碱指示剂的物品有很多，我们完全可以借助农村的资源优势，发动学生来寻找替代品。于是，我将“花儿的颜色”的相关资料印发给学生，让他们放学之后去寻找。学生们对此兴趣很浓。第二天上课，我惊喜地发现，他们带来了很多植物的叶、花、果实，找得最多的是平时对化学不太感兴趣的几个男生。接下来，我带领大家将这些植物的叶、花、果实按要求一一进行初步实验，果然发现它们都可以作为制取酸碱指示剂的替代品。在此基础上，我引导学生结合实际情况对教材中的实验设计过程进行改进，并安排学生进行分组探究实验。学生怀着极大的兴趣进行药品及仪器的准备、选择、制作、安装，思维极其活跃，实验教学取得了很好的效果。

围绕实验内容进行教学设计时，我尽可能让学生学得生动、学得主动，让学生亲自体验，手脑并用。例如，进行 CO_2 制取实验时，在学生理解了实验室制取 CO_2 的原理后，我就布置他们利用日常生活中的物品做制取 CO_2 的家庭小实验。学生通过查阅资料，发现生活中常见的小石子、鸡蛋壳、贝壳等都含有碳酸根离子，可以用来替代大理石和石灰石；平时吃的食醋中含有醋酸，可以用来代替盐酸。在此基础上，他们设计了小石子与食醋的反应、贝壳与食醋的反应、小苏打与食醋的反应等多组实验方案，并进行了实验，制取得到 CO_2。

类似的实验我们还做了很多。改进后的实验设计让课堂回归农村生活，打破了课程文本与学生的现实生活之间的界限，不再让学生机械地“照方抓药”，使学生摆脱了从书本到书本、从知识到知识的状态。实验过程变烦琐的演示实验为简单易操作的探究活动，既便于学生理解化学概念，又锻炼了他们的动手能力。从日常生活中寻找并发现化学实验替代品，既加深了学生对农村大自然的感情，又解决了农村实验经费不足的问题。

由于新教材编写者所面对的师生、教学条件和环境等都是不确定的，因此常常导致实际的教学实验情境与教材的要求发生冲突。这时，我们只有在理解教材所反映的课标精神的基础上，吃透和领会教材的意图，因地制宜，挖掘教学资源，整合教学内容，才能创造性地完成教学目标。

这显然属于实践取向的课题。研究者迫于现实问题解决的需要，探索和实施了初中化学教学中某些实验的新方法，挖掘、转化和利用了农村既有的各种“实验”材料与资源，因陋就简而又生动有效地开展了一系列初中化学实验。它的实践取向鲜明地体现在，问题来源于一线教学 —— 现场性，研究过程始终伴随着动手操作 —— 行动性，对这一过程及相关成果更多地用叙述的办法来呈现 —— 叙事性，等等。而现场性、行动性和叙事性又恰恰是实践取向既必要又充分的条件（充要条件），是对这种取向生动而又饱满的说明与诠释。

当然，即便是实践取向鲜明的研究，也不能说没有一点儿理论色彩或学问性。这种理论属于著名教育专家查有梁先生所说的“经验性理论”；它最合适也最有效的载体或表达方式是，对过程的叙述，以及在此基础上进行的初步反思。而如果把这些反思进一步加以深化或升华，那就会有一定的理论取向意味，有一定的学问色彩。譬如，可以想到和论及诸如“‘做中学’与学生主体性”“教学成本与教学成效”“教学空间与‘知识饥饿感’”（教学空间拓宽了，学生就有可能接触更多、更新的知识，就有可能产生强烈的“知识饥饿感”，它将驱使学生“扑向”知识）等一系列问题，把这些问题想深说透，必然能派生出“教师作为研究者”的丰富的理性智慧和一定的理论成果。这些智慧及成果，比起一般的经验描述或者初步的“经验性理论”，其普适价值、启迪意义自然要大得多。

一线教师不仅要善于“生产”经验，也要敢于“生成”理论 —— 源于现场、经过抽象、有点儿深度、真正属己而又可以加以推广的“实践性理论”。既可以把“实践性理论”与“经验性理论”看作一回事，也可以认为前者略高于后者。

六、拾级而上：一条可达高处的便道 —— 说升格

微型课题和各级规划课题之间没有楚河汉界，不是壁垒分明的。在做好微型课题的基础上，我们还可以拾级而上，努力登攀，进入规划课题研究的状态。这是研究形式、研究品位的一种升格，也是教师自身内涵、事业品质等的一种“升格”。

这里我和大家简单谈谈，如何从微型课题研究出发，有所突破，创生出有一定的中观意义、对自己未来的教育生涯具有长远规范与指导价值的规划课题。

（一）掘深拓宽，微窗眺广景

部分微型课题本身就具有成为规划课题的“潜质”，可以作为规划课题来研究。当然在外在形式（如题目表达等）方面可以有所调整。

例 1，“课堂‘等待’问题的研究”。

课堂上为什么要“等待”，怎样“等待”，学科课堂之间的“等待”问题有什么异同，“等待”问题的情智驱动因素及其情智效应，“等待”之教育效应产生的内在机理，“等待”一般模式的建构及特殊情境下的“突变”，等等，这些都值得也都可以研究。倘能如此深入研究下去，就非用规划课题去承载不可。

例 2，“课堂有序发言生态的建构研究”。

小学课堂往往容易紊乱失序，原因之一是，许多学生都争着发言。我们可以就“有序发言生态的建构”问题进行研究。郑金洲教授也曾就此和一线教师共同研究，并“建构”了以下三条原则：前后排同学同时要求发言，前排同学优先（因为他看不到后面的情况）；男女同学同时要求发言，女同学优先；发言多的同学与发言少的同学同时要求发言，发言少的同学

优先。在此基础上，我与如皋师范学校附属小学的老师共同申报、研究江苏省教育科学规划课题“小学‘倾听教育’的理论与实践研究”，取得了较为丰富的成果，后又成功申报全国教育科学规划课题“‘倾听教育’研究”，亦已结题。

（二）因势借力，撑杆尽力跳

例 3，“由感知历史到感悟历史的实践研究”。

例 4，“幼儿心理特征对语言学习的影响及对策研究”。

这两个课题，研究者原本准备以微型课题的形式来研究，显然此路不通，但可以在专业研究人员的指导下，把它们升格为规划课题来研究。此时，他们先前所做的一切准备都可以移作此用，同时其兴趣和愿望将得到更好的满足。

（三）相似联结，熔铸成“合金”

一个微型课题所涉及的范围、所研究的内容等都是很有限的，但如果把几个有一定内在关联性的微型课题融通起来，打“组合拳”，那么不仅可以积少成多，积小成大，而且可以产生较大的、“合金”般的力量。

例 5，由“教师‘口头禅’现象成因分析与矫治对策研究”与“语文课教师‘语体色彩’的适切性问题研究”生发开去，构建“提升教师课堂语言品格的实践研究”这一规划课题。

后面一个微型课题是我在听一堂语文课 ——《爸爸的花儿落了》之后生成的。该文节选自林海音的小说《城南旧事》，写爸爸对“我”既爱又严，他曾经因为“我”逃学而打“我”。后来他生病住院，“我”送给他的花儿落了，爸爸不久便离开人世……一位青年教师执教此课时，没忘了像往常一样“幽他一默”，课上响起几次笑声，这显然与文章所营造的或者说课堂应有的悲情氛围不相适合，是和谐乐曲中不协调的杂音。语文教师应该注意“语体色彩”（含语言表达过程中呈现出来的情感色彩）与文本、与儿童心理、与课堂情境等的适切性。这两个微型课题可以“熔铸”为后面的那个规划课题。

例 6，由“课堂中优生‘晕轮效应’成因及优化处理的研究”与“‘好孩子’情感障碍个案研究”生发开去，构建“强化优生‘心育’，促进正向影响的实践研究”这一课题。

前面一个微型课题是我在听一堂小学语文课时生成的。该班学生大多有些怯于表达，数次出现在一位女生举手之后才有人举手要求朗读或回答问题的情形，而且他们都亦步亦趋，无论是手势还是语调，都模仿这位女生。这就是我所说的优生的“晕轮效应”。它一方面放大了优生的形象，一方面又矮化了其他学生的形象，无论对其中的哪一方，都有消极的影响。优生有可能因此滋生骄傲自满心理，最终也有可能走向心理孤立与封闭。“心育”即对学生进行心理疏导和教育，为著名德育专家班华教授首倡。我们应通过多种方法、途径强化对优生的“心育”，进而促进其正面影响（也包括对他本人其他维度的品性或“性向”的正面影响）的发挥。

（四）转换形态，“变脸”展风采

例 7，由“课堂‘提神’用什么招”到“课堂教学激发学生‘兴奋点’的实践研究”。

前面的微型课题散发着浓郁的乡土气息。所谓“提神”，就是激发学生兴趣，使他们兴奋和振作起来；所谓“招”，就是方法、策略，这些不宜用在规划课题之中。

例 8，由“课堂‘静场’问题研究”到“课堂节奏调控的实践研究”。

许多教师都怕课堂出现“静场”现象，特别是在公开课上，因为这样有可能给人留下诸如课堂气氛不热烈、学生参与程度不高等印象。其实，课堂是需要“静场”的，因为学生需要有利于他们个体学习、主动思考、静心体悟的时空，这样的时空在喧闹的或所谓“热烈”的氛围下难以创造和获得。这个问题适合用微型课题去研究。如果再把视角拓开一些，我们可以研究课堂节奏（如抑扬、徐疾、轻重等）的变化与调控，这时，课题研究的规格显然就有了提高。

| 第四讲 |

在蓝图的谱写中实现突围
——谈规划课题研究

教科研

谁先研究规划课题，谁就占得专业发展的先机。“把问题转化为课题，用课题来解决问题”。在选题上应努力做到“三本”。

规划课题是由教育行政部门组织申报、评审、立项并通过多种方法与途径加以管理与推进的课题。相比而言，规划课题比较大，要求较高，规范较严，研究者必须具备一定的研究基础、较好的研究素质，所以规划课题在普及性、“全民性”等方面相对较弱。规划课题确实不是人人可为、个个可以有所建树的研究领域。也因此，它对研究者的专业促动力、推进力更大，对其未来发展的规划性、指导性更强。倘若做得好，它就能帮助研究者从专业成长的高原状态中、从他们难以突破的地方实现突围。

对规划课题研究，我有自己的系列观点，概括为四句话。

其一，我认为，谁先研究规划课题，谁就占得专业发展的先机。

其二，我希望，有越来越多的教师以规划课题研究为专业成长突围。

其三，我倡导，“把问题转化为课题，用课题来解决问题”。

其四，我主张，在选题上应努力做到“三本”，即实本、需本、能本。

一、规划课题选题

俗话说，“题好一半文”，它极言题目的重要性。是的，无论是写论文，还是做课题，都要在选题、拟题上花大心血，下大气力。就课题研究而言，这一番心血、气力尽管不抵半文，作用仍很大，能决定全局：题选得好，未必能做出好课题；题选得不好，则全盘皆输。

如果把全国、省级或市级规划课题研究视为一项工程，那么选题则兼有谋划全局、夯筑地基、建立框架、预设走向等作用。

（一）选题主张

我不赞成选宽不着边的课题、缺乏根基的课题和美却难行的课题。我各举一例，它们都是省级规划课题，有的还是重点课题。我们一起来看看它们身上的不足。

第一例，关于“新课堂建设”。作为该课题的核心概念，“课堂”指向的领域太广、范围太大。尽管在它之前加了一个“新”字，但实际上仍然大而化之，无处下口，很难操作。

第二例，关于“中学教育质量保障体系”。主持人是一所重点中学的中层干部，殊不知，这个体系的建立与完善岂是学校一个职能部门的领导所能承担的？即便是一校之长，也未必有能力去做，它至少需要一定的教育行政权力的介入。

第三例，关于“中学生学习能力可持续发展”。客观地说，它太有研究的必要了，因为确有许多学生学习缺乏后劲，不可持续，它是中国基础教育的一个重症、顽症，也是问题的症结所在，但这项研究要做大量调查，要有对研究对象（样本）的后续跟踪。主持人是一所上升中的普通高中的校长，学校眼前有许多必须做好的事情，至少在当下，他还很难有足够的能力和精力虑及更为长远的事。

可见，选题好不好，不能孤立地、抽象地去说去评，而要把它与研究者自身的条件结合起来考量。基于此，我提出“三本”主张。一是“实本”，即要从学校及个人的实际出发，以实为本，要弄清“我”现在在哪里；二是“需本”，即要从教育教学的需要出发，以需为本，弄清“我”要到哪里去；三是“能本”，即要从自身的能力出发，以能为本，要弄清“我”能到哪里去。杜威说：“所确定的目的必须是现有情况的产物。”我们想申报的课题就是我们当前“所确定的目的”，它也必须是学校或个人的实际、需要与能力等现有情况的产物。换个角度看，“三本”主张其实也是我的“选题三原则”。

（二）选题“技术”

在我所选定的每一个课题的背后，都有一个别样的故事，也都有一条独特的路径，我把它们概括为以下几点。

1. 着眼核心任务，旨在生命关怀

这样说似乎过于“宏大”，而一旦落实为具体的实践与研究行为，它则变得可亲可感；另外，我们平素的教育教学行为，最终都要指向“宏大”。用江苏省锡山高级中学校长唐江澎的话说就是，“让每一个教育细节都指向崇高的教育追求”。

学校的核心任务（之一）是，引领学生创造丰富的经历，使其生命饱满，充盈活力。而在应试压力愈减愈重的背景之下，人们却有意无意地压缩、削减或替代学生必要的经历，使其生命变得苍白。一位初中校长为此颇为痛心，与我谈及这个问题，我建议学校“课题搭台，活动唱戏”，让学生尽可能多地增加各种历练，在实践中增智，在体验中冶性，这就有了“让学生‘带得走’的‘经历教育’实践研究”。学校把“经历教育”界定为“在经历中，基于经历，也为了经历的教育”；他们认为经历了的东西才能“带得走”，而学校必须给予学生“带得走”的东西，它们是核心素养，也是最重要的生命基因。学校围绕“经历教育”尝试进行结构性变革，努力使学生拥有这个年龄应该拥有的经历，享受过程，走向成长。现在这项课题即将结题，学校有意于不久后着重就“‘经历教育’课堂改造”进行深化研究，希望通过它让学生有更多的机会参与知识的发生过程，进而生产知识，创造知识。

2. 瞄准教学症结，致力治病补弊

课题研究总要解决问题，问题所在即是课题所系。

一所普通高中几年来都出现了一种同样的问题：与县域内同类学校相比，该校学生的整体学业成绩先有优势，而后优势渐小，特别是在高三的几次模拟考试中，此种下滑态势更为明显，高考则每每跌至历次考试的谷底。新任校长经过深入观察与思考，发现问题的症结有两点：一是前期过于重视提速增效，教学中常有“夹生饭”的情形，这使得学生在某些阶段性考试中占得先机，而在后续考试中愈发显出先前基础的薄弱及可持续力量的匮乏；一是实施“问题驱动”，但几乎所有问题都是以教师的教学认知、教学理解为起点所生发的问题，或者是教学材料内在逻辑所规定的问题，而很少顾及真正源自学生的问题，教学针对性不强。这位校长向我表达了通过课题研究使上述问题有所解决的意愿。最终我们选定“科学效率观下‘生本问题’驱动的课堂教学实践研究”。“科学效率观”是我们提出的新概念，意即不能一味赶速度、求效率，而要兼重内涵与质量，实现“有内涵的速度”和“有质量的效率”。“生本问题”则仿郭思乐的“生本教育”一说，指学生真正有所感、有所求而生发的问题。“生本问题”并不排斥师本或文本问题中的合理因素，在一定程度上也是这两种问题朝着“生本”方向转化的结果。该课题已取得一定的成效，学生后劲不足的问题有所化解。

3. 把握学科特质，回归学科本真

这亦可以视为所有学科教学课题选题的一个总原则。当下确有许多课堂误解或偏离了学科教学的本质，我们有必要耐心触摸学科教学的脉搏，准确把握学科教学的方向，通过理性思辨以及智慧实践，让课堂“归位”，让学科“回家”。这也是学科类课题应有的责任担当。

一位具有政治学科背景的初中校长想通过课题研究建构这一学科的校本教学模式。在相关理论学习以及先行尝试的基础上，他初步提出了三种模式，请我鉴别与定夺。我发现，它们与目前流行的一些模式区别不大，学科特征也不明显，未能进入学科规律的较深层面，较为浮浅。我建议他把课题确定为“初中思想品德课‘思·品’教学模式建构与实践研究”。他欣然采纳，不久后课题申报成功，他要求全体政治教师力改知识为重、讲授过多的习惯，更多地发挥学生的自主性，让学生结合问题情境，努力思考，潜心品悟。课堂面貌焕然一新。

选题固然要有新意，但这还不是首要的，“稳、准、狠”才是首要的。而在教学常陷迷局、前路难辨时，如果我们能做到“稳、准、狠”，新意就会自然而至。

4. 缩小研究视角，实施聚焦透视

在我们所有的研究样式、载体中，规划课题应该是最大的，但我还是主张小题大做。题小却可掘深，就像挖井一样，越深越能吸纳周边更广大区域的水资源，视角、切口小的规划课题，同样可以吸纳其所研究问题域周边很大范围内的经验与理论资源，甚至是跨领域、跨学科资源。犹如全息镜像，即使它只触及其中很小的一点儿区间，也能联系到和反映出全局面貌。

一位优秀青年教师想申报“初中数学名师教学风格与流派研究”，来征求我的意见。我说，这个选题适宜高校研究数学课程论或教学法的教师做，一线教师则无妨对它进行“缩微”处理。首先，研究一位名师，他须有较大的影响力，又最好为研究者所熟悉，研究者能经常与他联系，向他学习。其次，研究这位名师的课堂，至于风格与流派问题，待把课堂弄透后再去研究不迟。最后，聚焦其课堂细节，进行微格研究，因为细节相对容易遴选、甄别、透视，也因为“一枝一叶总关情”。他听取了我的意见，把课题改为“初中数学名师课堂教学细节微格研究：以 ×× 老师为例”。两年多来他发表了十余篇相关论文，还准备撰写专著。

人如何使自己对地面的压强迅速增加到原来的两倍？答案是“提起一只脚”。选题“提起一只脚”，常能使目标更为精准，发力更为强劲。

5. 放大点滴创意，推窗引来大江

规划课题自有其“大格局”，“大格局”却往往肇端于小事件。由教育生活的细枝末节，可以生成课题创意，可以演绎课题精彩。

不久前，我参加一项省级重点课题——“以‘关键事件’促成儿童积极情意觉醒的德育实践研究”结题活动。它是我选定的，其后我有过多次书面或现场指导。当我看到主持人捧出厚厚一本案例集时，当我翻看其中几则教师巧设“关键事件”、润物无声促成儿童内心和谐生长的真实故事时，我还是受到了震撼。几年前，我在这所乡村小学，听一位教师讲述自己捕捉班级生活中的一些感人瞬间，“引爆”学生积极行动与思考的鲜活事例，我决意支持他们申报一项课题，帮助他们实现由自发行为到自觉行动的跨越。于是，我的脑海里自然出现了“关键事件”“积极情意觉醒”“德育实践”等几个语词，然后我与大家当场敲定题目，并对其中的一些基本概念及其相互关系进行了初步思考与梳理，使课题雏形浮出水面。

这样的“技术路径”值得一线学校借鉴，因为，很多教师的感知方式是感性化、片段化或情境性的，尊重他们的研究起点，就是遵循草根研究的规律，这也将促成其进行研究的“积极情意”的“觉醒”。

6.“跨界”实现结合，“域间”生根增值

规划课题的视角、视域较广，从一定意义上说，几乎都有一点儿“跨界”的意味。规划课题每每在两个或两个以上相对小一些的问题域之间“穿越”，倘若仅有一个很小的问题域，则难以形成应有的“体量”，亦无须以规划课题为载体进行研究。当然，即便某些问题域较大、较广，只要力所能及，适当“跨界”，则能平添新意，也可增加申报成功的可能。

一位正在走向专业成熟的青年教师请我点拨选题方向。我了解到他任教初中语文，做班主任，干得不错，有志于在这两方面有所发展。我建议他申报“语文教师与班主任角色互动及功能渗透的实践研究”，并说魏书生、李镇西等名师在此方面即为典型代表，处理好这两者的关系，对教好语文和育好学生都大有裨益。他尊重我的意见，后来事实也证明，两种角色之“域间”正是教学机智与育人智慧共生的沃土，他在此收获了特别有益的专业滋养。

7.转移关注重点，追求研究“最值”

要努力做到精益求精，好中选优，力争找到一个最新、最高和最优的研究起点，这将有利于不断生成、创造和拥有研究的“最值”。

一位高中物理学科带头人长期进行“深度学习”研究，不久前，她想就学科“深度学习”策略指导的问题申报课题。我直言自己的意见：学生进行“深度学习”，教师确实需要在策略上给予指导，对此进行研究自有价值，但这一具体问题应该在“深度学习”研究的早期予以关注，现在回过头来重点研究它，不无倒退和“降格”的意味。我建议她研究“‘深度学习’策略及其教学”。其一，把关注点由教师指导转向学生的学习行为本身，即由研究教转向研究学，这更趋近于前沿学科——“学习科学”的行动研究，立意更高。其二，我们平素教的基本上都是学科知识，现在则要更多地进行关于学习策略的教学。“世界上最有价值的知识是关于方法（策略）的知识”，我们最需要教的正是这种知识，最需要研究的也是这种知识的教学，即由“授鱼”走向“授渔”。还有，“策略教学”不只是教师一人之事，学生（之间）也可以自教与互教，此时“授渔”又变为“导渔”——引导学生自我或共同建构、优化学习策略……它最终成为省重点资助课题。学生经由自我建构与“同侪互助”，逐步拥有了“存乎一心”的学习妙法。

（三）选题“提示”

其一，可以经由微型课题研究“登堂入室”。各级规划课题都有一定的“规格”，不是每一个教师都有水平、能力与条件承担的，规划课题“普及化”未必是中小学教育科研的幸事，甚或导致它的泛滥与形式主义，导致教师学风、教风的恶化。这不是杞人忧天，如果说，这样的事实尚未出现，那么，这样的趋势已抬头。我主张，更多教师从关注自我或周边较小的教育事件乃至教学细节出发，先做做微型课题，练练基本功，然后权衡多方面的因素，再决定是否申报规划课题。当然，这两者并无截然之分，好的微型课题向广处拓展，向深处掘进，则可“嬗变”为规划课题的上好选题。

其二，可以和教育主张的提出“联袂”进行。名师要有自己的教育教学主张，优秀或走向优秀的教师也可以有甚至必须有自己的教育教学主张，因为主张是对个人行动哲学的高度概括与凝练，而谁都有自己隐在的或显在的行动哲学。规划课题对这些“哲学”还具有刷新与升华的功能。

譬如“‘深度学习’策略及其教学”，它是选题，也是主张，真正研究与践行它，则必然会淡化知识教学的色彩，并且可以引导学生在学习策略上进行分享。

其三，可以也应该推出较具新意的概念。有时，与其说是在选题，毋宁说是在“生产概念”，“生产”出与众不同、令人耳目一新而又有实践基础与理论依据的概念。根据我的经验，它们常常是熔铸整合、推陈出新的结果，所谓“全新”的概念几乎是不存在的，为新而新必然导致概念的畸形、选题的失败。

二、规划课题申报文本写作

出发前我们要做好“攻略”，这样才能行稳致远。“攻略”是指“通盘的计划、策略和做法”。

规划课题研究是我们专业生活中的重要事件，理应在全面展开之前做好一个“攻略”。这里主要指课题申报文本和开题报告。最理想的状态是，按照申报文本和开题报告所预设的程序与内容开展工作，收获成果。

申报文本呈现的是研究的核心内容，开题报告则是更具体细致的安排。本文谈谈前者的写作策略。各地规划课题申报文本有其固定格式，它们大同小异，而主要“构件”都不会少，如核心概念界定、同一或相关问题研究现状、理论假设、研究目标、主要研究内容、研究方法与思路、研究进程安排、成果预期以及保障条件等。我曾主持并完成数项规划课题，其中“‘倾听教育’研究”所费心力最多，成果也较丰富。下面我主要以它为例，撮要谈谈课题申报文本写作的若干注意事项。

（一）核心概念界定：说清“是何”，定准“靶心”

再复杂繁难的研究其实都是在回答三个问题，即“是什么”“为什么”和“怎么办”。而“是什么”又是一个前提性问题，倘若回答错误，定然引发后面的问题迷失方向，行为脱离“靶心”。核心概念界定就是在回答“是什么”的问题。“‘倾听教育’研究”的核心概念如下：

倾听：以积极的情意态度认真细心地听取，是借助耳朵等多种器官接收言语信息，进而通过思维、情感活动达成认知、理解、领悟的过程。

倾听教育：既可以理解为“关于倾听”的教育，即以“倾听是什么？为什么要倾听？怎样倾听？”等问题为内容的教育；更可以理解为以“（使人）学会倾听”为目的的教育。具体指通过一定的教育行为使师生善于且乐于倾听，由此得到较大化、较优化的教学效益、人生成长、生命体验等的一种教育理念与教育方法。其间，每一个人既是教育客体，又是教育主体，在主客体交互作用中，营造彼此尊重、多向沟通、相互理解、共同促进的氛围，进而趋向、达成和谐的教育境界。

“倾听教育”研究：此前，申报人已和一所小学就江苏省教育科学规划课题“小学‘倾听教育’的理论与实践研究”进行了较多的实践探索，这一课题既基于前述课题，又超越于它，将在更大范围、更深层面进行探索，开展研究。

我先界定“倾听”，取用“细心地听取”（《现代汉语词典》）显然太过简略，所以根据自己的理解给予解释，突出情感与思维的参与，并指出不限于“耳听”。然后界定“倾听教育”，把它切分为两个方面，并分别加以解释。再用一段文字加以阐述，使其具象化，这有利于人们感知它。其间注意揭示“主客体交互作用”，旨在表明“倾听教育”并不单指上对下（师对生），还包括下对上以及平行者之间的互动教育行为。最后界定

"'倾听教育'研究"，略述"前世今生"。整体用"加码法"，先"倾听"，再"倾听教育"，最后"'倾听教育'研究"。如果涉及概念较多，则可兼用"加码法"和"平展法"。如我指导申报成功的江苏省重点资助课题"高中物理'深度学习'策略及其教学的实践研究"，对"深度学习""策略""教学"的分别界定就是"平展"，而后界定"'深度学习'策略及其教学"，则是"平展"之后进行"加码"，这样可以显示出较为清晰的层次、较为严密的逻辑。

"界定"首先要确定有哪几个核心概念，然后主要用下定义的方法（"××是……"的格式）来刻画它的性质、功能，以及它区别于其他事物（概念）的个性特征。下定义的一般"图式"是：概念＝类属＋种差。"倾听教育"的"类属"是"教育"，而不是人的其他行为；"种差"是"关于倾听"或"以'（使人）学会倾听'为目的"，而不是关于其他内容，或者以其他效果为目的。下定义一定要不蔓不枝，要言不烦。我用"刻画"一词，意即"简笔勾勒"，把最主要的东西揭示出来。有时简而难明，故而还可在下定义的基础上稍做展开，略加阐述。"倾听教育"后半段"具体指……"就用了此种笔法，旨在弥补前面下定义时有骨架而无血肉、表达难以周全之弊。

核心概念界定通常是文字量小、工作量大的细致活儿，我们常能看到随意应付的情形。有的不明白核心概念为何物，任意增（题目中未曾涉及的概念）减（题目中出现的、平素习见习闻因而以为"不言自喻"的概念）；有的不知道该用何种表达方式，出现较多议论甚至叙述性文字，如有一个课题研究"校风育人"，界定时引用古代名言"蓬生麻中，不扶而直；白沙在涅，与之俱黑"，以此论述校风的育人功能；有的只说前人或他人怎么讲，堆砌观点而缺乏主见，没有"题本化"理解；还有的过简或过繁，让人不明就里或不得要领，等等。我们既要精益求精打磨思想，也要反复推敲锤炼文字。

（二）研究价值阐释：准确定位，恰如其分

对课题研究的价值，必须科学把握和精准定位。这里所谓“价值”是广义的，除了包括狭义所指，还涉及研究现状、研究目标、拟创新点等，它们都与“价值”紧密相关，或者说是“价值”的另一种表达。以研究现状为例，厘清它就等于弄清“价值”的生长点以及将来“增值”的空间，由此自然可以“折射”出研究价值的大小。

这里我对“‘倾听教育’研究”价值所涉的有关方面、部分内容做删繁就简的呈现。

● 选题意义或研究价值

在学校教育以及家庭教育中，“失聪”现象较为普遍地存在，这不仅表现在感官上，而且表现在精神上。本课题研究旨在“唤醒耳朵”，进而唤醒师生“倾听”的情意。

在实践价值方面，它将有利于改进课堂因倾听有所缺失而导致的教学效率低下的现状，实现有效（优效）教学；它将有利于教育主客体之间双向乃至多向沟通，视界融合，进而有利于学校对话文化的形成和发育；而通过“倾听道德”的培育，我们可以为促成“人”（不仅指儿童或学生）的道德成长，使其“做有道德的人”“过有道德的生活”提供一条生动而有效的路径。

在理论价值方面，对已有教育理论中有关“（倾）听”问题的论述、观点“爬罗剔抉”，整合建构，有利于一种较具新意的教育理论的创生；一部中国教育史可以说是一部教人“听话”的历史，它良莠共存，需要加以辨析、批判。“倾听教育”不同于“听话教育”，我们在继承中国传统教育文化精华的同时，对其中的消极因素要进行解构和超越……

● 研究目标

1. 初步建构有关“倾听教育”的基础理论，指向其实施路径、操作要

义、原则等，并尽可能揭示、建构、阐述基本原理。2. 提升广大师生的学习品质以及人际沟通能力、礼仪水平等，促进其以道德修养为核心的良好综合素养的形成与发展。3. 为参研学校打造科研品牌，乃至学校发展的战略品牌，使其赢得较高的教育影响力和社会美誉度。

- **拟创新点**

1. 研究的对象及领域是崭新的，这使本课题具有鲜明的原创性。2. 研究的思路是有新意的，本课题注重专群结合，以承担学校为主进行研究，同时外聘专家参与；注重学创结合，重视已有理论的学习与“转化”，同时不断生成与创造新的理论；注重校社结合，包括学校与社会、学校与家庭、教师与家长等的结合，使教育各有关方能以多种形式参与其中……

价值阐释是价值认知的外化，我们常能看到一些申报者认知偏误、失当，主要表现为自我期许过高、感觉过好。如，有的未曾对相关领域研究现状进行充分调查，而只以某个自我“创造”出来（其实是由几个原本关联性不大的语词组合而成）的概念为关键词，在网上进行简单搜索，没有发现与该概念完全吻合的资料，就轻率判断所研究领域是“全新”的。这是一种误判与盲信。著名语言学家王力有言：“说有易，说无难。”绝不可能有人进入一个真正“前无古人”的领域，与我们的研究域或核心概念直接或间接相关的理论一定有，甚至是海量的，我们必须站到前人或他人的肩膀之上。也有的将愿景描述得过于美妙，似乎这项研究能彻底化解某种教育时弊，完全重建一个新的教育格局。其实，一项研究倘能在一定程度上缓释或解决某种困局、某个问题就不错了，大可不必把自己想成能力通天的“达人”。我喜欢用“在一定程度上”“有利于”等字眼，实乃因为我们之所为几乎都只能是局部问题的有限“改良”。

（三）研究内容构思：不求“周延”，重在可行

“周延”是逻辑学名词，这里借指涉及研究域内所有方面、全部内容。真正或绝对的“周延”既不可能，也无必要。我们要做到的是，在涵盖主要方面的前提下，使研究有较强的可操作性。“‘倾听教育’研究”涉及的问题主要有：

1.“倾听教育”文献及基础理论研究（基础理论包括“倾听教育”的内涵与特质、实践模式、基本原理等方面）

2.“倾听教育”课堂实施的策略与工艺研究

3. 不同情境下“倾听教育”的实施方式及其特征研究

4.“倾听教育”微型课程的构建及实施研究（“微型课程”指为不同年段的学生开设具有一定系统性的行为训练课或班会课、队会课，以使他们习得、掌握有关“倾听”问题的要求、方法、知识、礼仪等）

5.“倾听教育”校本行动研究（如，“倾听教育”经典诗文诵读行动，师生格言、童谣征集行动，家校互动行动等）

6. 班主任工作中“倾听教育”研究

7.“倾听教育”评价研究

8.“倾听教育”典型个案研究

上述内容，有的不可或缺。如第一项，这毕竟是一项全国课题，必须在基础理论方面有所建树与贡献。更何况，“名不正，言不顺”，进行这方面研究就是为了“正名”，为了较为精准和深层次地回答“倾听教育”是什么。层级低一些的规划课题对此也要有所作为，可重点致力于核心概念的内涵与特质研究，这是整个研究的原点所在。又如策略研究，我们的研究一般旨在行动及改进，这就涉及策略（方法）或路径问题，研究它们，课题愿景才能落地生根。上述 2—6 项都属于广义策略研究范畴，不回避

彼此有交叉、不完全在同一逻辑层面上等问题而列出那么多项，就是为了使策略明确、具体与可行。再如典型个案研究，典型最具代表性，可由此窥点知面；经验和成果往往都在这里得以最集中的呈现，典型研究就是对经验与成果的总结、反思与提升。基于此，我主持或指导课题研究，都有“四要素”，即文献研究、内涵与特质研究、策略或路径研究、个案研究。至于评价问题，不是没必要做，而是难做好。许多老师也会列出这一项，称为“评价体系研究”，我常提醒他们慎言于此，这确实在绝大多数人的能力范围之外。我这里说“评价研究”，届时是质性抑或量化评价，又是否构建一个大致的评价框架，视进程而定。

（四）其他若干方面：靠船下篙，适己为要

其实，上述三个方面所言也有这样的意思。这里我把更多因素“囊括”于此，略加涉及。

1. 关于理论假设

也有地方称之为“主要观点”，我更倾向于“理论假设”，因为这些观点更趋于“应（或）然”即“理当（或许）如此”的状态，还没有也需要得到后续更多研究的检验与确证，不无“理论猜想”的性质和色彩。就此，我有两点提示：其一，把握方寸，不要说得太过“饱满”。其二，它必须是真正属己的，可以有对前人或他人观点的“转化”，但一定不是机械的“转述”、简单的“嫁接”。如，有一项课题研究某种较为成熟的教学模式的评价问题，申报文本这部分写的全是目前外界较有影响的一些相关观点，这显然误解了申报文本设计者的意图。

2. 关于研究方法

一般有文献法、访谈法、行动研究法、叙事研究法、经验筛选法等。我曾经听一位教科研方法方面的权威专家批评一线教师，质疑其行动、叙事等研究法的专业性或“合法性”。我以为大可不必，毕竟我们不是专业

研究者，在大致遵行一些研究法则、标准的前提下，再对此进行草根化处理与践行，应当是可以的。譬如，围绕某个子课题开展专题行动，“行动即研究”；又如，在研究过程中发生了某个事件或故事，对此加以叙述，这些便可视为行动或叙事研究法。化繁为简、以简驭繁的研究方法最适合我们。

3. 关于研究进程与预期成果

我看过许多申报文本，感觉研究进程和预期成果普遍写得最为随意。这其实是不妥的。在某种意义上，它是整个研究的时间表与行路图，最有“攻略”的意味。对此，我们很有必要通盘考虑、整体把握、顶层设计，既可以用表格来反映，也可以用思维导图来呈现，使其可视化、清晰化，并体现阶段性与渐进性。至于预期成果，一定要在“摘得到”的区域内，期望值不必太高。

三、规划课题的实施

规划课题选题以及写申报文本、开题报告，都是基础性和关键性工作，总体看，人们对这些比较重视，付出较大气力。如果这种势头贯穿始终，那么，目前普遍存在的课题作假情形将大大消减，科研求真风气将越来越浓。惜乎此种势头尚未很好形成，“开头轰，中间松，结尾空”仍然是中小学课题研究的常态，“靡不有初，鲜克有终”（《诗经》）仍然是中小学课题研究难以打破的魔咒。课题好不好，当然不全由“起笔”如何说了算，后续研究更重要。一个很好的选题有可能因为研究者没有认真去做而“自断前程”，而一个起点一般的课题也有可能因为研究者持恒钻研、有效反思和适当调节而越来越好：好课题是“做”出来的。

规划课题自有创意以来就处于（广义上）“做”的状态。这里说的“做”，指申报成功之后研究者所开展的工作、进行的活动。它千头万绪，这里我仅从一般流程中选取四个点或者说四个维度谈一些实施建议。

（一）"清理地基"：使要实施的方案更完善

所谓"清理地基"，是借用了哲学家康德的话。他说，哲学是对"自明性"（不言自明事物）的分析或反思的活动，是一种"清理地基"的工作。课题立项意味着取得了"合法"地位，既然如此，似乎没有理由对已有方案加以质疑、改动，照着去做便能功到自然成，实则不然。它此前接受的是"批量评审"，专家不可能一一推敲方案本身，更不可能进行现场"诊断"，所以很有可能留存着这样那样的缺点。譬如，概念界定不甚准确，价值定位不够适切，内容设计不太合理，甚至还有方向性的问题，这些均须再斟酌、"清理"、完善。"磨刀不误砍柴工"，"清理"过程就是在磨砺自己的思想之"刃"。

这里我只就研究方向的调适来说说。

有的方案着力点偏移，以次作主，认始（起点）为终（目的）。比如，一位老师计划用三年时间完成"大数据时代下学习者对教育信息化的满意度及自我效能感研究"。研究者要在校内及周边学校进行一次大样本调查，再进行数据分析，得出学习者在这两方面的反馈信息。这些无须也不宜用三年时间。说不宜，是因为三年内相关情况将发生较大的变化，哪能"刻舟求剑"，固守某些数据？而且，得到反馈信息也不应成为这项省重点课题的最终旨归。它的旨归应该是，基于此而对学校教育信息化行为进行科学干预，使其更好地服从、服务于教学。因此，我建议她把研究方向调整为"基于学习者对教育信息化满意度与自我效能感的教学行为调适"，着重研究如何更好地运用信息化。

有的方案着眼点较低，原地踏步，难有提升。比如，一位特级教师的课题是"高中'智性'语文教学策略研究"。他较早地提出"智性语文"的教学主张，付诸认真扎实的践行，取得了不少成果，还为此出版了专著。可见，对此他已经研究得较深较透，现在再来专门研究教学策略，不无“回到从前”的意味。策略应是早前重点研究的内容，如今视点要更高，视域要更广。因此，我建议他把研究方向调整为“智性语文”教育（基于又超越教学），或者“智性语文”课程建设——是的，此种教学主张之下的语文教育需要进行个性化、特色化课程的开发与建设，他很好地吸纳了我的意见。

有的方案“价值观”有“隐患”，理念陈旧，思想落伍。比如，一位教师主持“‘孝文化’教育的实践研究”，这个题目本身不错。梁漱溟先生认为，中国文化是“孝”的文化。中小学肩负“文化化人”之任，自然可以也应该进行这方面的教育，它亦为核心价值观教育应有之义。但在阐述“主要观点”时，这位教师一味强调恢复、弘扬我国传统“孝文化”精神，而未能清醒地意识到其中亦有糟粕、需要加以扬弃和革新的成分，其余内容也缺乏这样的“观照”。我提醒他注意这些问题，并增设两个相应子课题，即“传统‘孝文化’及其教育的批判研究”“现代‘孝文化教育观’建构研究”。

“清理地基”，自然不唯调适方向一事，要做的还有很多。但不管是哪个方面的“清理”，我们都要努力做到量力而行、尽力而为、与时俱进、精益求精。以这样的态度或原则去“清理”，“地基”将变得脉络清晰、牢靠有力，基于此的行为也才能方向明确、稳步推进。

（二）蓄积“底气”：把要用到的理论学到位

我国中小学教师教育教学理论素养普通较低，这使其从事教育活动“好也好得有限，而坏则每况愈下”（泰勒语）。教师理论素养亟须提高，否则不但其本职工作难以做好，更不能很好地投入课题研究，因为，从某种意义上说，课题是理论的“孵化器”，其研究旨在“生产理论”。我常说，规划课题是一所“教师发展学校”，我们无妨利用它的“任务驱动”，“恶补”理论之不足，这既利于当下的研究，也功在长远的发展。

我们常能看到课题主持人、参与者几无专门理论准备就盲目进入这番天地，常能听到他们中有人自矜研究领域“全新”，不无无知无畏的意味。我主张，教师自始至终都不离理论学习，尽可能在相关问题域中做到如北京师范大学老校长陈垣教授所说的“竭泽而渔”，或者如维特根斯坦所说的“连根拔起”。

某市“卓越教师培养工程”的一位培养对象主持“‘主体参与’理念下体验式学习的实践研究”，向我请教。交谈之后我得知他对“体验式学习”的理解基本上都是经验所积、自悟所得。我提醒他进行专题阅读，并指出几个理论学习方向。中国古代“体验学习”理论，如《学记》中“虽有嘉肴，弗食，不知其旨也；虽有至道，弗学，不知其善也。是故学然后知不足，教然后知困”等名句，即可视为此方面的“滥觞性理论”。再如，陶行知的“教学做合一”理论，新课程的“过程性目标”理论，刘惊铎的《道德体验论》以及李吉林的儿童情境学习理论，特别是美国库伯的“体验学习”理论（《体验学习：让体验成为学习和发展的源泉》中有一个非常著名的“体验学习圈”：“具体的体验 —— 观察与反思 —— 形成抽象概念 —— 在新情境中体验概念的意义”）。我对他说，尽管库伯这一理论并非源自教育，尽管这本书较为艰涩难懂，但它无疑是当前世界上“体验（式）学习”理论的集大成者。我们不研究“体验（式）学习”则罢，要研究它，就非得从中寻找和汲取一些精髓性的东西不可。这是言说“口径”上必要的趋近，也是一种“认祖归宗”的明智之举。我还向他推荐了自己发表的几篇有关经历、体验、感悟等问题的论文，它们亦与“体验（式）学习”有关。经我提醒，他后来认真研读了这些理论，觉得所处的高度、深度远远超过此前自悟自得状态中的水平。

诚如杜威所言，没有对儿童心理结构和活动的深入认识，教育的过程将会变成偶然性的、任性的；这种教育如果碰巧与儿童在没有教师帮助的条件下的活动相一致，便可以起到作用，如果不是，那么它将会阻碍、分割乃至中止儿童的发展。“深入认识”只能来自较为深入的理论学习、较为全面的理论占有、较为丰盈的理论底气。建议一线研究者多向专家请教，这常常最有助于破解“迷局”，厘清路向。平时多做积累，最好能对学到的各种理论进行分门别类的摘录、整理，并有意识地建构诸种理论之间的关联，使其在自我的思维世界里实现组织化、结构化。找准、锁定若干关键词，围绕它们进行专题阅读，同时搜集网上各种相关资料、信息。仅仅使用一般的搜索引擎还不够，建议借助“中国知网”等专业学术网站。总之，厚积才能薄发，课题研究应该有一个由厚返薄、由薄向厚的螺旋式上升过程，这也往往是教师专业拔节最为强劲之时。

（三）着力“行走”：将要实现的愿景做出来

我们不是专门的理论工作者，即便是，也要尽力使理论从实际中来，到实际中去。朱永新先生强调，“只要行动，就有收获”，他所发起的新教育实验，以及叶澜教授所发起的新基础教育等，都非常强调现场，强调行动，强调“做”。中小学教师进行课题研究，更要有浓郁的行动色彩、醇厚的实践品质，这是一个基本的“逻辑起点”。

“行动即研究”。我很赞同李希贵校长的话，“把我们的行动拿出来研究，把研究的成果转化为我们的行动”，课题运作最要在行动与研究之间实现“无缝衔接”。我有时“极言”，在设计研究内容时，脑子里要能浮现一个个行动的事实、一幅幅活动的画面。一位校长主持“‘七彩教育’校本实践研究”。所谓“七彩教育”，意思是给予学生丰富多彩的校园生活，让他们快乐学习、健康成长。这样的立意一般，也缺少相应的“行动策划”。她和我商量，最后我们共同形成了一个“行动项目树”，将学校相关活动（特别是第二课堂和校本课程活动）纳入其中。

赤：“中国梦·少年梦”主题行动

橙：“温馨·温暖”主题行动（包括“冬日温暖工程”“亲子倾听”行动等）

黄：“生命·生长·安全”主题行动

绿：“自然·生态·环境·家园”主题行动

青：“青涩岁月·成长年华”主题行动

蓝：“广阔胸怀·交往实践”主题行动

紫：“规则·自由·尊严·尊贵”主题行动（在中国人的意识里，紫色代表尊贵）

后来，“七彩教育”做得有声有色，学校注意将这些活动化零为整，进行体系性建构；再在积累较多经验的基础上进行抽象、概括和建模，不断形成与提升基于经验而又超越经验的理性智慧；学校被人们誉为“七彩巴学园”。

在构思和实施“课题行动”方面，我们一要尽量赋予它一定的新意，传统型活动固然有其存在价值，但师生心理上更趋向、崇尚有创意的活动，这常常能激发其参与的热情；二要有顶层设计意识和整体思维，“在全局中谋一域”，尽量打通各种活动之间的脉络，克服活动孤立性或碎片化存在的倾向，使其实现课程化；三要适当进行探索与变革，我称之为“行动性实验”。有人讲，要慎提实验，要注意“实验伦理”问题。这些都有道理，但这不等于说不可以进行尝试，在把握好大方向、无碍于师生与学校和谐发展的大前提下，完全可以设计一些难度适当、便于操作的“实验”，其行动意义与价值必定不是常规性行为所能相比的。

（四）经营“理论”：让要提升的智慧“可视化”

一线教师千万不要忽视理论；同时，也不要以为理论高不可攀，是少数专家的事。专家自有其高深的理论，我们同样可以经营、形成和发展真正属于自己的“实践性理论”。我们要把这些“理论”言说出来，甚至把它们书写下来，使其“可视化”。正如哥伦比亚大学戴维教授所言，“我只有说，才能想”；也如马克斯·范梅南所讲，只有写下来，我们才能清楚地意识到自己知道什么。

规划课题是教师“实践性理论”得以产生的沃土。如果一项课题研究没有什么可以写作，那么，这项课题实际上没有多大研究价值，抑或难以操作，总之不是好课题；另一方面，最好的教育科研写作与成果发表，又非课题研究莫属。

一所学校进行“‘道德银行’建设的实践研究”。所谓“道德银行”，是一种学生德行评价体系。学生做了好事，就把它记录下来，并赋予一定的分值。随着好事增多，它将不断增值，就像把钱存入银行产生利息一样。我指导他们着重从以下几个方面生成“理论”：一是适度奖赏（理论）。奖赏过多、太滥，容易引发学生“奖赏疲劳”，进而导致其价值观偏误。奖赏必须适度，不适度的奖赏或许和没有奖赏一样，甚至比没有奖赏更坏，不利于学生成长。二是“负值预警”（理论）。“在品德量化中得到一个高分就可以换来各种各样的‘好处’，所以一些‘悟性’高的学生就想方设法获得高分，使品德修养由内在的精神追求变成外在的利益博取。”（高德胜《生活德育论》）学生出于对“好处”的追求而产生的“良行善举”，值得怀疑，我们必须对其可能导致的负面价值有所“预警”。三是愿望迁移（理论）。学生做好事，期望得到老师的奖赏，这种愿望如果不过分、不极端，可以理解并予以适当支持。但即便如此，我们还是要引导他们，使其早一点儿迁移开去，迁移到诸如做好事觉得快乐、幸福的感受之中。四是“信”“誉”对称（理论）。它包括两层意思：一是学生在做好事时的表现与教师给予他的评价要大致对称，一般情况下，不必夸张；二是要重视对学生在做好事过程中所表现出来的诚信品质的考量，告诫他们不要弄虚作假，不要为善而善……可见，经营“理论”，其意义不只在于认识水平的提高、理性自觉的丰富，更在于行动方向的校正、实践价值的升华。

经营“理论”说难也易，说易亦难。一是要有一定的“理论资本”，倘若没有必要的“资本”，就发现不了问题，产生不了“理念”。二是要有“广种薄收”的精神准备与行动耐心。我们无妨先让思想大于“行动”，也就是想得多而写得少，甚至允许自己“胡思乱想”，因为，“胡思乱想与奇思妙想是孪生兄妹”（教育家吕型伟语），有时看似是“多想”出来的东西却潜藏着丰厚的价值。三是要勤动笔，“在写中学会写”。须知，无须付出任何意志努力的“终南捷径”，永远只能是一个“传说”！

【附 1】

在“最近发展区”内做课题

冯卫东

我有一些机会参与开题、结题活动，在场的经历、感受使我愈发认识到，要“在‘最近发展区’内做课题”。

“最近发展区”是苏联心理学家维果茨基的一个著名理论，指学生自主学习所能达到的水平与经由教师教学、同学帮助等而能达到的高度之间的距离或空间。借此我要表达的是，做课题要兼顾量力而行与尽力而为，要在“跳一跳，摘得到”的范围内去做，并努力做好。

首先，要在能力范围之内选题

一线教师毕竟不是专业研究人员，与后者相比，其视点、视野普遍要低和窄一些，一般不要涉足视野宏观和太过前沿的研究领域，这些常为我们“生命不能承受之重”。

当然，话讲回来，省、市规划课题又不等于微型课题，若过窄或偏低，则不能与应有“规格”相称，申报成功的可能性较小。而只要申报，则必须有所“就范”，即用我们平时不大用也因而不大习惯用的话语方式、表达样式去言说，必须改变、提升一下自我的“原生态”。一方面，有更多人主动或受动卷入其间；另一方面，他们的基本素质、当下水平尚显不够。这或许也是假课题盛行、假研究成风的主要原因。

总之，要有充分的“自知之明”，在“最近发展区”内选题，否则必然导致课题研究实质上的流产。

其次，要在能力范围之内对申报成功的课题（包括申报书）进行较大幅度的“重构”

教育科学规划部门的一位负责同志在谈课题申报书与开题报告（实

施方案）两者的区别时说，前者是给评审专家看的，目的在于“说服”他们，使选题能够申报成功；后者是给课题组全体成员“用”的，目的在于为大家提供一份简明的“时间表”与“路线图”。这给我启示：申报时有必要表现得“深入”一些，开题时则可以适当“浅出”一点儿。所谓“浅出”，不仅指表达的浅显，更在于，把不必要的繁文缛节，把一些根本达不到的要求和目标，把无力完成的部分内容与任务等清除掉，只在“需要我们做”“我们需要做”“我们能够做”这三者的交集处多加谋划，多花气力，从而使研究行为能落细、落小、落实。

删繁就简，化繁为简，以简驭繁……或许有人因而质疑：规划课题是严肃的，这样做是否有损于它的严肃性？质疑有一点儿道理。但另一方面，相比于教科研造假，这已然属于不小的改良、很大的改观，倘能切实地做到，则不可不谓当下教科研之幸事。我已在此领域深耕十数年，反感于“认真”杜撰一份根本不准备甚至想都没想过要认真去实施的开题报告一类的事，反感于从未好好研究过一项课题却对一线教师的研究行为求全责备的人，为此我也对自己保持一份警惕之心。

其一，化“玄”为实，把力气用到实在处。

一位乡村小学校长主持“基于过程哲学的小学民间故事课程开发研究”。开题报告有一半篇幅在阐述“过程哲学”，行文有着浓厚的学院式色彩，读来颇为费力。而对课程开发，则语焉不详，让人不太明白他要就民间故事做什么事，又怎样做。在大致了解“过程哲学”是何物之后，我明白了，研究者的意思是，不只向学生呈现成熟或成型的民间故事，不只视之为学生学习的一些固化内容，而是引领学生对民间故事本身进行卷入式、参与性学习。于是我建议，在对“过程哲学”适当了解的基础上，将其作为课程开发的一种指导思想，而集中精力进行小语教材民间故事专题研读、乡土民间故事资源挖掘、民间故事“完型”训练、“翻转”民间故事、民间故事课本剧编演、民间故事主题性校园“物型课程”建设等方面的活动。重在实践，重在生成，这是对“过程哲学”的最好践行与诠释，它大有可为，必有斩获。主持人听取了我的意见，原来模糊的思路变得豁然开朗。

其二，化难为易，把难度降到可为处。

知其可为而为之，智者也；知其不可为而为之，圣人也。我们不是圣人，却要做智者，明智的态度与行为是，在可为之处多为、巧为并力争有所为、有大为。

可为抑或不可为，不宜一概而论，一些人可为之事，另一些人则未必可为，反之亦然。有一位区教研室主任（特级教师）主持“区域跨学科骨干教师学习共同体建设实践研究”，做得风生水起，培养了一大批身居全区各科教学重要岗位的优秀人才。另一位市级教科研人员受此影响，与一初中校长联合主持“农村初中跨学科骨干教师发展实践研究”。在开题论证会质询阶段，专家组着重就一所初中各科教师进行跨学科深度交往与互动发展的可行性、可能性提出疑问，主持人这才意识到，这项课题的愿景过于理想化，落实起来很难。于是自降难度，确定着重进行综合实践活动课中多学科教师协作、跨科观课、日常教学互通有无等几个方面策略的研究，可操作性一下子增强了许多。

难与易是相对的，它取决于诸多主客观因素。前述教研室主任兼有一定业务与行政管理职权，可以适度调用部分资源，适时调动相关教师，这些都不是一般教科研人员所能拥有的便利因素。课题研究绝非“不怕做不到，只怕想不到”；要“做到”则须先“得到”，“得到”相关因素是不可或缺的先决条件。

其三，化远为近，把落点置于可及处。

一位高中生物教师此前完成市、省级规划课题各一项，研究生物课堂教学模式及其创新，取得了一些成果，有若干论文发表。如今他又成功申报一项市级课题，深化研究生物课堂教学模式的建构规律。我以为，这与其个人研究兴趣、方向及实力等比较契合，相信他能在研究中走实致远。我还建议他在关注“文献中的模式”之同时，适当做到“眼睛看内”，对自己所在的这所全国著名高中的学科“同侪”有效课堂模式进行总结、厘清。这些模式很可能是自发生成的，因此他还可以帮助“同侪”进行重建、优化，促成其自觉建构与应用更优的模式。这实则是以“同侪”显在或潜在的模式为例进行研究，有一点儿“田野研究”或“实证研究”的意味，更能凸显研究的科学精神以及研究本身的实际效用，也有利于提升研究行为的品格。我的“在可及之处进行研究”等建议得到其真诚的认可。

上述观点可以概括为“大题小做，远题近做，玄题实做，理（理论）题行（实践）做，深题浅做”。有时我也讲“简简单单，清清爽爽，实实在在”。概言之，“以退为进”。是的，它们看起来都在说要简化一些，要往后“退”一点儿，但实则是在倡导，勿弄虚作假，勿贪多求全，勿凌空蹈虚；而要真抓实干，要集中发力，要“行远自迩”——这又哪里是在往后退？与其描绘一幅全景式却又镜花水月般的幻象，不如写就一篇发自肺腑、不乏创见而又益己惠人的文字。对一线教师的研究课题而言，应该没有什么比“实”（实在、实行、实践和实效等）更重要，离开这一点，便等于没有进行课题研究，甚至比之还要坏。

最后，“最近发展区”未必很近，它还可以是一个非常广远的区域

不同的人有不同的“最近发展区”，某个个体的“最近”对另一个体来说可能“远弗能届”。就个体自身而言，它亦非常数或恒量，常会因自我心境的差异、情境的不同和他人影响的变化等而表现得或远或近，或大或小。

在参与课题开题论证会等场合，我常根据对课题组实力的既往了解，或借助从现场质询与对话中获得的印象，因人而异，帮助他们确定各自的“最近发展区”。譬如，一所农村普通高中的校长主持“留守学生心理危机预警及干预体系建构研究”，课题组已有的研究基础较为薄弱，我建议他们不必把研究重点放在“体系建构”上，而应落到案例积累、研析及相关经验的筛选与“复制”上。又如，一名小学语文教师主持“杜威经验哲学视野下儿童‘智慧阅读’操作体系创构研究”，虽然核心概念中也有“体系”二字，虽然他还是一名青年教师，虽然整体规划较为“高大上”，但我都充分认可其开题报告中的各种设计、各项安排，以及操作的可行性等，而未言及“缩小研究视域”。因为，这是一个功底坚实并且嗜“研”成癖的年轻人，他会朝着既定方向与目标不懈前行与攀登。再如，一位初中校长和该校一名体育教师共同主持“中学应急生存技能的体育校本课程建设研究”，我不仅没有建议他们自我“降格”，还希望他们更好地进行顶层设计，认真谋篇布局，精心拟定今后几年研究的“思维导图”，充分考虑各种课程元素，做出比预期更好的研究，并从现在开始着手准备申报下一届省教学成果奖。因为课题所指是一个崭新而又极具实用价值的领域，因为这位体育教师是区域内本专业屈指可数的硕士生，素质优异，也因为校长全程参与论证，研究的热情与真心、对课题潜在价值的强烈渴求溢于言表……

我曾在看过一位著名特级教师的一堂课后进行点评，说学生的“最近发展区”几乎到了“地平线”处。是的，“好的教学”能使学生的成长与发展无可限量。同样，“好的研究”也会使课题各攸关方走到一个非常遥远的地方。只要我们满腔热情，持之以恒，并不断校正前行方向，调控好研究进程中的步幅，课题研究的“最近发展区”或将在人们目力难及的“天边”，而这也恰恰是课题研究的最大魅力之所在……

» 本文发表于《江苏教育》2017 年 54 期，收入本书时有改动。

【附 2】

揣着问题“回家”去

冯卫东

在教学反思和教育创新越来越重要、越来越受到人们重视的今天，一个真正优秀的教师必定是一个“问题教师”—— 有着强烈的问题意识，让思考问题成为一种生活方式，在不断地解决问题和生成新问题的过程中提升专业水平、创造专业成就的教师。

没有问题，才是最大的“问题”；有了问题，我们则主张，尽可能“把问题转化为课题，用课题（研究）来解决问题”。而要研究课题、化解问题，则不仅需要实践经验与智慧的支持，也需要拥有和仰仗一定的理论积淀、理性水平。有了这些，我们才能把问题看透，把化解问题的方向与路径厘清。这就需要我们加强学习，在书本中，在一切相关的知识和信息源里，遨游、钻探、获取和提纯。

为此，我主张，揣着问题“回家”去。

我所说的“家”,（主要）指中国优秀传统教育文化理论。我倡导广大教育同人向我们的“老祖宗”借脑、借智和借力 ——

毛泽东在《改造我们的学习》中说:“许多马克思列宁主义的学者也是言必称希腊，对于自己的祖宗，则对不住，忘记了。”

著名学者吴康宁在《我们究竟需要什么样的教育取向研究》中说:“任何国家都有自己的主问题域……不同的国家也就可能有其各种不同的前沿性研究……并不存在每个国家均须认同的所谓国际学术前沿，并不存在每个国家均须跟进的所谓国际学术潮流，并不存在每个国家均须接续的所谓国际轨道。”

著名儿童教育家李吉林则“植根本土，融会中西”，从中国传统文化（包括刘勰的《文心雕龙》、王国维的“意境说”等古代文论）中汲取

“真”“情”“思”“美”四大元素，构建了情境教育的实践与理论体系。她创立的情境课程被誉为“蕴含东方文化智慧的课程范式，回应世界教育改革的中国声音”……

是的，“长期以来，人们在近乎狂热的‘借鉴’中冷漠了应有的‘继承’”。① “回家”了才能“继承”，“继承”也才是真正的“回家”。而以问题驱动“继承”，以研究开启“回程”，最是有效之为、明智之举。

这里从我和一些学校、教师合作研究的课题中选出三项为例。它们最初都“发端”于西方某一教育理论，而在研究中，不断寻获中国传统教育理论的有力呼应与支持。这些足以表明，即便是“国外原创”的问题，我们亦可揣上它们“回家”去。这也从一个侧面说明，对所有教育真问题、真课题、真命题的研究与解决，“回家”的路都是一条可行之路。

第一项课题：“基于卢梭‘自然教育’理念批判的小学‘乡情·智性教育’实践研究”

卢梭的“自然教育”强调让儿童更多地在自然环境中“慢慢成长”，而不宜过早、过度地对他们进行出于成人意愿、功利目的的教育。他说：“我们身体的各种器官是我们用来获取知识的工具，在用它们获取知识之前，一切旨在促使它们趋于完善的教育，我皆称之为消极教育。”这里，“消极”并非贬义词或“积极”的反义词，并非“落后的”“腐朽的”或“反动的”等意思，而是指遵循儿童身心发展规律、相对“清静无为”的教育。

这个课题承担学校在城乡接合部，属于农村小学，那里还保留着较为淳朴的乡风、民情，而学生大多数为当地农家子弟。所谓“乡情·智性教育”，一是注重“生长”的德育，不急于求成；二是注重“减法”的智育，不施压增荷；三是注重“野性”的体育，不娇生惯养；四是注重“天趣”

① 张天明. 中国传统教学思想之学术史：一个不容忽视的研究主题 [J]. 课程·教材·教法，2015（2）.

的美育，不唯技是瞻；五是注重“接地”的劳育，不温室精养。

我们看到，中国也有关于“自然教育”或“消极教育”的丰富论述，它们同样熠熠生辉——

老子的《道德经》可谓中国古代“消极教育”思想的“总汇”，无论是“处无为之事，行不言之教”，还是“道常无为而无不为”，抑或是“为道日损，损之又损，以至于无为”，无一不表达着老子“以消极求积极”的思想。

《庄子·外篇·至乐》中写道：“昔者海鸟止于鲁郊，鲁侯御而觞之于庙。奏《九韶》以为乐，具太牢以为膳。鸟乃眩视忧悲，不敢食一脔，不敢饮一杯，三日而死。此以己养养鸟也，非以鸟养养鸟也。”我们完全可以把这篇视为教育寓言，它寄寓着深刻的教育哲理。以“己养”而非“鸟养”养鸟，这当然不是“自然教育”，而是“非（反）自然的教育”。这不是让教育对象有所“消停”的“消极教育”，而是让其深受劳苦、困扰和惊惧的“过度教育”。

而从《礼记·学记》里，我们亦可发现一条较为清晰的“消极教育”思想脉络。比如，要求教师“时观而弗语”，静待学生“开窍”；又如，“学不躐等”“不陵节而施”，要求按照儿童的年龄特征，顺应自然，循序渐进；再如，“道而弗牵”“强而弗抑”“开而弗达”，都反对过多的教育介入……它为后人指出一条“无为而教”的路途。

柳宗元在《种树郭橐驼传》中，借主人公之口批评一些种树者：“爱之太恩，忧之太勤，旦视而暮抚，已去而复顾，甚者爪其肤以验其生枯，摇其本以观其疏密，而木之性日以离矣。虽曰爱之，其实害之；虽曰忧之，其实仇之。”我们无妨如是解读：它表层说的是种树，中层说的是社会管理与统治，深层说的则关乎人性、人的教育问题，完全可以视为“消极教育”主题的名篇佳作。

朱熹则认为，教学“如鸡抱卵，看来抱得有甚暖气，只被他常常恁地抱得成”，“学问亦无个一超直入之理，直是铢积寸累做将去”，“严立课程，宽着意思，久之自当有味，不可求欲速之功”。

…………

古人主张“消极教育”，近人也有发扬光大者。譬如，叶圣陶先生说：“教育的性质类似农业，绝对不像工业。农业是把种子种到地里……让它自己发芽生长，自己开花结果。”可见，古往今来，有许多中国教育家和实践工作者与卢梭的“消极教育”思想不谋而合。他们即便未曾有明确的意识，未曾做明晰的表达，但其言行之中也蕴含着丰富多彩的“消极教育”的思想因子。

第二项课题：“‘关怀人格’养成教育校本实践研究”

这里的“关怀”，即美国著名教育理论家诺丁斯所谓“关心”。诺丁斯认为，“关心”包括关心自我，关心身边的人，关心陌生者和远离自己的人，关心动物、植物和地球，关心人类创造的物质世界，关心知识，等等。它几乎覆盖了与师生的生活有关联的所有方面。“关怀人格”，意指愿意、乐于并善于“关心”自己以及自身以外世界中的人与事的那样一种性格、品格或心向。基于此，“关怀人格”养成教育则是指，通过学校教育，通过应有的教育干预，引导和帮助学生形成与发展“关怀人格”。

进行该课题研究，自然要更多地从诺丁斯的《学会关心：教育的另一种模式》等论著中汲取理论滋养。与此同时，也要“眼睛朝内”，看一看中国古代传统教育思想中有没有、有哪些“关怀理论”（的元素）。从某种意义上说，《论语》就是一本倡导“关怀（人格）”的“专著”。

子曰：“不患无位，患所以立。不患莫己知，求为可知也。”（这启示我们要自知、自省、自强、自立，这才是真正关心自己。）

子曰：“父母在，不远游，游必有方。”（这启示我们，要关心父母；而亲子之间保持密切的关系和沟通，就是子女应有的关心行为。）

子曰：“德不孤，必有邻。”（这启示我们，关心他人的人，也必定会得到他人的关心，会拥有彼此关心的知音。）……

诺丁斯说："关心伦理明确强调被关心一方的作用，它是一种关系伦理。""即使一个孩子年龄太小，不能成为一个关心者，他也可以学会如何成为一个会反应的被关心者。"而《孟子·离娄上》中写道："爱人不亲，反其仁；治人不治，反其智；礼人不答，反其敬。行有不得者，皆反求诸己。"（意思是：你爱护别人但人家不亲近你，就要反省自己的仁爱够不够；你管理人民却管不好，就要反省自己的才智够不够；你待人以礼对方却不报答，就要反省自己的恭敬够不够。任何行为如果没有取得效果，都要反过来检讨一下自己。）孟子和诺丁斯所言不完全是一个意思，但都启示我们，"关怀人格"养成教育必须抵达被关怀者的情感世界，引发他们的情感"脉动"。也无妨说，孔孟等先哲的"发声"，是"关怀教育"的"中国式表达"。

第三项课题："'共情课堂'建设与实践研究"

"百度百科"中写道："共情（empathy）能力，或译作移情能力，指的是一种能设身处地体验他人的处境，从而达到感受和理解他人情感的能力。"我们创立"共情课堂"的概念，受了美国人丹尼尔·平克的《全新思维：决胜未来的6大能力》一书的启发。作者认为，决胜未来要有"三感三力"，即，设计感、娱乐感、意义感，故事力、交响力、共情力。所谓"共情课堂"，意指一种能够引发师与生、生与生、人与社（社会）、人与本（文本）以及本与本等之间情感共鸣、理智共享的课堂。

我们发现，古人亦有许多相关论述，"于我心有戚戚焉"，这引发了我们的"共情"效应——

《论语》："子贡问曰：'有一言而可以终身行之者乎？'子曰：'其恕乎！己所不欲，勿施于人。'"

《论语》："夫仁者，己欲立而立人，己欲达而达人。"

《论语》:“毋意，毋必，毋固，毋我”。

《墨子·兼爱上》:“爱人若爱其身。”

《孟子·告子上》:“圣人，与我同类者……口之于味也，有同耆焉；耳之于声也，有同听焉；目之于色也，有同美焉。至于心，独无所同然乎？心之所同然者何也？谓理也，义也。圣人先得我心之所同然耳。”

…………

上文所列言论，有相当一部分不属于狭义的“教育理论”范畴，而属于哲学（或伦理学）。这里面有两个原因：一是，正如杜威所言，“教育是哲学的实验室”，“哲学乃是教育的一般理论”；二是，先秦时期是中国人文、社会、哲学思想集大成时期，也是世界历史上几个重要的“轴心时期”之一。雅斯贝尔斯认为，在“轴心时期”，各个文明都出现了伟大的精神导师，而中国则以孔子、老子等为代表。他还说：“每当人类社会面临危机或新的飞跃的时候，我们总是回过头去，看看轴心时代的先哲们是怎么说的。”是的，无论进行什么样的教育教学研究，宏观或微观的，实践或理论的，看一看先哲的言论，品一品他们思想中的意蕴，每每会产生一种“回家”感。这种感觉真好！

揣着问题“回家”去，就此，我还有若干感悟。

其一，“学而不思则罔，思而不学则殆”，我们无妨“接着说”：学思不用则废，学思不行则虚；学、思、用、行兼具，才能创造美好的教育生活。而研究往往能把学、思、用、行贯串起来。研即学，即思，即用，即行。以研究推动读书，书将成为活书，读将成为活读，人将成为“活人”；让读书“介入”研究，研将能精，究亦能深。

其二，某一教育理论不只与某一实践行为相适切，呈一一对应的匹配关系。一种教育理论可以适切于许多实践行为。同样，一种实践行为也能用多种教育理论去观照、解释和透视。譬如上述三个课题，它们的“可用理论”有不少是相通的、能够互用的。多种理论的聚焦将使实践探索、实践研究由单调变得多彩，由平面变得立体，由浅薄变得丰厚。

其三，好的教育理论应该是没有国界的。在“教育首先是人学”（苏霍姆林斯基语）这一点上，中西方优秀传统教育文化必定相互融合，最终汇入人类优秀思想的汪洋大海。如前所述，孔子与诺丁斯，两者的有关观点跨越时空，超越意识形态，实现了“握手”。从一定意义上说，诺氏就是当代美国的“孔夫子”，是当代美国版的“孔子”。也因此，檀传宝教授在《人民教育》上撰文介绍诺氏的中国之行，题为“子诺子言”（仿古人称谓方法，称诺丁斯为“子诺子”，这是一种极为尊敬的称呼）。也是在这个意义上，揣着问题“回家”去，不仅是回到中国优秀传统（教育）文化的“家”中，也是回到世界或人类优秀传统（教育）文化的“家”中。“万国之上犹有人类在”，回到人类优秀教育文化的“家”，不仅可以体会回家的温暖，也能获得重新出发的力量。

» 本文发表于《教育研究与评论》2015 年第 3 期，收入本书时有改动。

| 第五讲 |

在细节的品玩中体悟真义

——谈课堂微观观察

课堂原本就是由许许多多、变动不居的细节构成的，细节亦可谓课堂的“细胞”“基因”。既然对细胞、基因的研究直抵医学的根本，那么，作为课堂“全息镜像”之一的细节，我们对它开展研究，也应能获得有关教学规律或本质层面的启迪。

人们越来越重视课堂问题，重视课堂研究。今天我和大家谈谈课堂教学研究，谈谈课堂微观观察，即就课堂中的一些问题细节而进行、展开的“聚焦”式观察和研究。

我着重讲以下四个问题。

一、什么是课堂观察？

课堂观察是当前十分时尚的一种课堂研究方法。一位专家认为，课堂观察是观察者或研究者带着明确的目的，凭借自身感官（如眼、耳等）以及有关辅助工具（观察表、录音录像设备等），直接或间接（主要是直接）从课堂情境中收集资料，并依据资料做相应研究的一种（教育科学）研究方法。

课堂观察主要有四种方式。一是课堂活动全息观察。这是非常专业的一种观察方法。观察者必须具有很强的专业能力，需要对课堂深度介入，对课堂所有信息予以关注、记录、思考与研究，它是对课堂本身的一种“田野考察”。二是关键问题聚焦观察。我今天所讲的就属于此种观察方式。三是依据价值标准评判观察。即观察者带着某种标准来观察课堂，在此基础上再对课堂进行一定的价值评判。四是现场情境描述性观察。观察者可以用速记等方法对他所见到的一些课堂情境、场面、事实、动态等进行尽可能原生态的呈现或描述。在这一过程中观察者尽量不带情感色彩、价值趋向，但事后却可以就此进行适当的思辨、剖析，并由此探寻课堂教学的一些规律性因素。

课堂观察的基本步骤一般分为：课堂观察前的准备，确定观察的目的和计划 —— 课堂观察，进入课堂及记录资料 —— 课堂观察后的工作，资料的分析和结果的呈现。

课堂观察有一些基本要求，可以概括为四点。一是要有明确的观察目的。目的当然以事先预设为主，但在过程中也可以适当调整或生成。二是要有适当的观察内容。有些内容尽管很好，但不是观察者能力所及，因此只能“割爱”。应选取另一些在广度、深度和难度方面与观察者目前能力基本“匹配”的内容。三是要有科学的观察方法。专业研究人员使用的方法固然要体现出高度的科学性、专业化，一线教师也不能满足于以往习用的、一般的听课方法，亦要追求与体现一定的专业性或专业水准。四是要有清晰的观察分析和结论。要有对这堂课的鲜明立场和态度，还要尽可能由此及彼，发表对更多课堂有借鉴意义的思考与建议。

依个人理解，在此对课堂观察与一般意义上的听课做以下几点粗线条的区别。

第一，听课看其形，赏其技，学其法；观课观其程，察其态，悟其理。课堂观察要由表及里，不仅要努力厘清本堂课的“课理”，还要努力探寻、揭示它对更多课堂的意义与价值，进而对更多课堂产生一定的启示作用。

第二，听课更趋于旁观和“默会”，观课更强调“入境”和对话。后者要求观课者真正地、深入地进入课堂特定情境之中，并且与教材文本、与课堂事实、与执教者进行对话。这种对话既可以是彼此之间的言来语往，也可以是观课者内心世界里的静思默语、“自言自语”。

第三，听课偏重吸纳与迁移，观课偏重省思与发现。虽然观课者可能也有吸纳与迁移的意向，但他更多的是，把执教者及其所执教之课进行对象化，对此有所省思，有所发现。可以说，观课者必须有一定的理性智慧。

第四，听课有较强的可行性或普适性，观课则有显著的专业性。任何一个教师，都可以到他人的课堂里去听课。尽管各人听课的心向、能力及收获各有不同，但这并不妨碍他们成为听课者。“观课”则不然，没有一定的理论素养以及较强的理解能力，缺乏必要的技术支持，你就难以成为一个合格的更不用说出色的观课者。一言以蔽之，课堂观察更是一种“专业活儿”。也因此，在倡导教师专业化成长的大背景下，我们要努力实现一般“听课”向专业“观课”的转变。

二、什么是问题细节？我为什么倡导课堂观察关注问题细节？

我主张广泛开展课堂微观观察，主张着重就课堂中的一些细节，特别是问题细节开展观察。

什么是问题细节？简单地说，问题细节是指课堂中的一些不容易为观课者注意的、稍纵即逝的镜头。它们存在着一些不足、缺陷乃至失误，是有着这样或那样的教学问题的细节。

我们来看以下几个例子。

［例 1］

一位老师上冯骥才的《珍珠鸟》（苏教版四年级上册语文），她提出一个问题：“‘雏儿’探头探脑地钻出笼子，你们想，这时它心里会想些什么？”半分钟后，老师请学生用“开火车”的方式回答，前面三个学生都说得很好，第四名学生说，自己想的和他们一样。老师亲切地摸摸他的头，说句“很好”后，请他坐下。

［例 2］

一位老师借班上《山谷中的谜底》（苏教版六年级下册语文），她请大家推举一名学生表演西坡雪松傲然斗雪的姿态，结果学生不约而同地推荐一名胖乎乎、看起来不太活泼的女生。这名女生非常腼腆，讷讷难言，引得大家一阵窃笑。然后老师转过身去和其他学生交流，把这名女生“晾”在了一边。

［例 3］

一位老师上《认识人民币》（人教版一年级下册数学），问大家，1 元钱如果换为两毛的角票，应该有几张。差不多一半学生说 5 张，另一半则说 8 张，老师直接请一名说 5 张的学生到台上数钱，而对说 8 张的学生没有做出任何反应。

［例 4］

一位老师上“共写童谣献奥运”（四年级综合实践活动课），后半课时，把全班分成六组，让每组推出一名“童谣之星”。老师本来想把这六名学生的作品一一投影，供大家欣赏，后来怕费时较多，影响后面的教学环节，因此只投影了三首童谣，一名作品没被投影的“童谣之星”眼里竟噙满泪花……

让我们一一简要分析上述各例中的教学细节所隐含的问题。

第一例：前面三名学生的回答各不相同，第四名学生的想法怎么可能“和他们一样”？这说明，他的思考还没有“成型”，或者他根本就没有动脑筋，他的话应该是搪塞之词。教师理应允许乃至鼓励不同学生有不同方向、不同程度的获得与发展，但不应允许、“默认”学生不去思考，逃避思考。

第二例：经验丰富的教师往往会预料到“自由推举”（也可称为“无限制群推”）可能产生的结果，因而在类似的教学情境中，一般不会采取这种“群推”的方法。儿童往往都有淘气心理，此种心理有时会表现为捉弄别人，因此，即便进行“群推”，教师也应有所“预防”，或事先明确相关的“游戏规则”。这位老师显然未能谙熟此道。而把女生“晾”在一边，又容易强化她对自我的“弱者”心理暗示，教师已在一定程度上构成课堂的“不道德”行为。

第三例：为什么有那么多的学生说成 8 张？可见它已非偶然现象，说明一些学生在认知、理解人民币化整为零的问题上遇到较大障碍，课堂至此生成了一个不容回避的问题。教师却弃之不顾，直奔“正确答案”，这不能不说是对普遍学情的一种漠视。另一方面，“错误也是一种资源”，对一些错误“绕道而走”，恰恰是对资源的“抛荒”，非常可惜。

第四例：表现欲是儿童的正常心理，教师应倍加珍惜并努力创造条件去满足它。除此之外，这个例子中至少还有两个问题：一是守信践诺，在孩子的心里教师的每一个承诺都会被放大，我们千万不可留给他们“轻诺必寡信”的印象；一是公平、公正，“细节公平”正是教育公平理想在课堂情境中的具象化表现，“一枝一叶总关情”，对此，我们“小处不可随便”……

问题细节不胜枚举，而究其成因，无非是教师教学思想有误、教学机智不足等，要言之，主要是教学理念或技术问题造成的。

那么，我为什么倡导课堂观察要关注与研究问题细节呢？

上课“戏法人人会变，各有巧妙不同”，“观课”也是这样，不同的人有不同的“巧妙”—— 爱好、取向、门径等。有的人关注课堂的整体结构，“起承转合”，尽收眼底，从中能揣摩、领会课堂建模等的方法和技巧；有的人聚焦课堂的局部、节点，细水微澜，洞悉于心，从中能体悟、享受细节处理的奥妙与情趣；有的人善于欣赏和学习执教者的优势与长处，加以消化吸收，有机融入自我的课堂实践中；有的人则惯于发现和提出他人课堂的漏洞与缺憾，别人吃一堑，我来长一智，从而使自我后续的教学行走能少一段弯路。

教学自有个性，“观课”亦有“风格”。很难说哪一种观课风格才是最好的。但我一般不赞同那种把课堂全程翔实记录在案的惯常做法，也不赞同一味点头、“照单全收”的姿态。因为前者，观课时必然忙个不停，哪有时间在某个问题前驻足静思，事后恐怕很难再翻开本子，反复咀嚼。后者则足以表明，我们还缺乏应有的独立教学思维，过度地、没有原则地欣赏、“拿来”，必然构成在他人面前“匍匐”或“跪倒”的姿势，显然，这不利于个人教育人格以及教学技艺的健康成长。

因此，我提倡并躬行对课堂教学问题细节的关注、观察与研究。

第一，课堂原本就是由许许多多变动不居的细节构成的，细节亦可谓课堂“细胞”“基因”。既然对细胞、基因的研究直抵医学的根本，那么，作为课堂“全息镜像”（即包含或渗透着执教者的教学理念、技术等各方面信息的一种载体）之一的细节，我们对它开展研究，也应能获得有关教学规律或本质层面的启迪。“你要深入，你就要研究微格。”①“我想揭示教室里发生的小事的大意义。”②而细节就是一种典型的“微格”或“小事”，它常常具有幽远的“景深”与“大意义”。

第二，它相对便于操作，没有较为严格的技术要求。一些专业研究者（如顾泠沅教授）听课时，全程采集信息、数据，然后再加以统计、分析、归纳，借此形成深刻的教学认识或教学理论。这种方法固然很好，但是大多一线教师难以掌握，相比而言，细节研究更加易为、可为、能为。

第三，教学是一门遗憾的艺术，因而我们不必担心缺乏可供研究的问题“资源”！如果说，正确而精彩的细节使听课者赏心悦目，增智长识，那么，问题细节往往给人一种沉静、厚重的理性思考力量。正如鲁洁教授所说：“对一些常见的失误进行研究，分析失误的表现与危害，探究失误的机制和病理，思考避免失误的途径与措施……意义并不亚于对成功经验的总结。”③而在某种意义上，执教者是听课者的“对象化自我”，也可以说，听课者也是“执教者”；而旁观的视角或旁观式研究又非常有助于他反观自我，反躬自省，非常有助于他创造和赢得“以人为鉴，可知得失”的积极效应。

① 王崧舟．诗意语文：王崧舟语文教育七讲［M］．上海：华东师范大学出版社，2008：37.

② 佐藤学．静悄悄的革命：创造活动、合作、反思的综合学习课程［M］．李季湄，译．长春：长春出版社，2003：13.

③ 孙孔懿．教育失误论［M］．南京：江苏教育出版社，2003：7.

第四，对渴望专业成长的执教者来说，还有什么比人们对他所存在或发生的问题细节指瑕摘疵、批评匡正更“利于行”呢？而这又是真正民主的教学研究题中应有之义。

这些认识得到一些相关理论的呼应和支持。如，教育学者柳夕浪先生指出，课堂观察“一般只就课堂教学中某一个方面作系统观察，专心致志于特定的事件上”，“并不打算对教学行为作一全景式的观察和概览，而注重提供一些局部性的‘特定镜头’，有重点地作较为深入细致的诊断”①。他是就专业观察者而言的，他们尚且如此，一线教师则更无必要在观课中全程关注，疲于奔命了。

三、怎样开展问题细节的观察与研究？

首先，“态度决定一切”，树立正确的态度至关重要。失此，不仅不能在执课与观课双方之间营造“如切如磋，如琢如磨”的良好研讨氛围，以及“我 — 你”型、主体间性平等互助的关系，而且也不利于观课者本人的理智省思和专业智慧增长。我曾倡言，“以欣赏的眼光挑毛疵”：“首先，要欣赏别人，肯定每一个人都有闪光点，都有值得自己学习的地方，这是彼此共事合作的基本出发点。其次，要知道‘毛疵’的潜在价值 —— 它们常常是所谓的‘有价值的错误’。一些教师在教学中存在或出现的‘毛疵’很可能正蕴藏着他们自身对新的方法、路径、思想等的创新思维与探索精神，它们最终会‘破蛹成蝶’。我们要像发掘、珍视其显性的长处与优点一样，理解、尊重其潜在的、可转化的价值并促成其实现。最后，不以俊遮丑，要通过‘揭丑’，达到精益求精、共同成长的目的。”②

其次，要有敏锐的触角。这也可以说是一种“课感”，即对课堂即时情

① 柳夕浪．课堂教学临床指导［M］．修订版．北京：人民教育出版社，2003：69.
② 冯卫东．走在研究的引桥上［M］．南京：江苏教育出版社，2007：174.

态（包括细节）之意义、价值等的直觉判断能力。没有这种能力，你就无法捕捉到这些细节，更无法探幽发微，发现隐藏其中的“玄机”。如前面第一个例子，课后我也问其他听课老师，他们说自己没有注意这个细节，或者虽然注意了，但不觉得它有怎样的深意。由此我想，发现细节亦非易事，它不仅需要有善于观察的职业习惯支撑，也很需要有较为先进的教育理念的烛照。如果我本人没有形成和拥有一些教育新理念，如不可一味赞许学生，必须给予学生适当的“挑战”等，那么，这个细节必然从我的眼际、耳边匆匆溜过。从这个角度看，细节发现或捕捉不只是一件“技术活儿”。

再次，要善于选择，披沙拣金。差不多每一个教学细节都有一定的品味、回味的必要，但如果一个都不放过，就必然苦于应付，最终可能所获多多，却无甚价值。我主张，教师要做“得得派”。“一课有一得，得得相联系”—— 这是上海市特级教师陆继椿提出的教学主张。每一次观课，我们都要有一点儿小发现、小感触、小领悟，那么，大的收获必定积久而成。我甚至主张，有时无妨“只见树木，不见森林”，仅仅专注于课堂中的某一个或某一些节点，而不及其余。第一，一叶知秋，窥斑见豹，就像“开窗放入大江来”，窗子虽小，但我们可以透过它看到千里江水，万顷碧波。第二，我们过去曾泛泛而听的无数堂课又给自己留下了什么“痕迹”了呢？

还有，要在“解构”（发现、指出问题并进行批评）的基础上“建构”出解决问题的办法，这样才能增进我们自己的教学机智和智慧，这也才是我们观课、研课的根本旨归。在第二个例子中，教师可以好言安慰这位女生，请她坐下，使其避免尴尬和窘迫，还可幽她一默：“大雪压青松，青松自无语，我从你的神情里读到了雪松的坚守和坚韧……”在第三个例子中，教师可以先请说 8 张的学生到台上数钱，他们自然会马上意识到自己的错误。在第四个例子中，教师应把后面三名学生的作品也展示出来，而原先预设的后续环节可以相机删减。试想，还有什么比保护学生的自尊心、表现欲等更为重要的呢？

“建构”既可以是个人行为，也可以由群体共同完成，譬如举行教师沙龙，大家畅谈对相关问题细节的理解以及对解决问题办法的建议。“答案是丰富多彩的”，但在“头脑风暴”之后，我们也可以“确认”一两个最佳答案。

最后，我还建议通过“言说”来表达自我对问题细节观察、思考与研究之所获。没有研究的“言说”是空洞的、臆想的、无趣的；另一方面，不经“言说”的研究则是封闭的、低效的、没有希望的。

四、教师如何“观察”自己的课堂？

进行问题细节研究，也可以以自身作为观察、思考与研究的对象。这样的研究或许难度更大，除了有当局者迷等原因，还因为人们可能缺乏解剖自我的勇气。佐藤学先生说，小林老师“看自己以前的教学录像时感到痛苦，要不喝酒的话都看不下去了”。不过很显然，此种痛苦恰恰是我们“走过自己”的一种强劲的驱动力量，教师的成败，在很大程度上就取决于他们“痛苦”了没有。

勇气问题解决了，其具体操作路径、方法等与旁观研究应该不存在迥然的差异。不过有两点值得强调。一是课后及时反思，立刻用“过电影”的办法把刚才的课做一个回放。在此，时效性特别重要，要不然，那些饱含教育意蕴的问题细节也将成为过眼烟云。二是尽可能借助录像等手段——就像小林老师那样——它可以使现场感得以保持或弥补，可以不失真或少失真。这种方法在本质上与旁观研究有相近、相通之处，因为它借助了镜头这“第三只眼”；它也比较接近严格意义上的微格教研，即选择、截取课堂中的一些片段进行录像，然后就其中的教学情节等进行细致入微的揣摩、研究。这在教育现代化程度越来越高的当下，可以也应该成为人们研究自我的一种重要手段。

马克斯·范梅南说：“教育学概念中所有的因素都不应被视为‘给定

的’或‘既定的’；教育的意义必须到教育的实际生活中去寻找。”[1] 进行课堂教学问题细节研究，正是我们“到教育的实际生活中去寻找”“教育的意义”的良途佳径！

① 范梅南．生活体验研究：人文科学视野中的教育学［M］．宋文广，等译．北京：教育科学出版社，2003：65.

【附】

透过一个点，推开一扇窗

——例谈课堂微观观察的“焦点”选取

冯卫东

根据一线教师的主、客观条件，我倡导他们更多地开展微观层面、微观形态的课堂观察。当然，之所以着眼、着力于此，除了因为这是我们能为并将有所作为的领域，还因为，较之更大、更高层面或形态的课堂观察，微观观察亦别有洞天，别具价值。

在这些观察和研究活动中，广大教师遇到了一些问题和困惑，其中，怎样选择恰当、适切和有效的“观察焦点”是重中之重。(我们主张，就一堂课的观察和研究而言，只需瞄准少数几个乃至一个焦点，它既可以是某个瞬间发生的事实即细节，也可以是某一细小的方面，而这个方面又常常贯穿于整个课堂流程。当然，无论是“细节”还是“方面”，都不仅具有“一点”或个别化、针对性的意义，而且具有“一类”或以小见大、以点带面的价值。) 是的，焦点意味着立足的位置、采取的角度、指向的目标，在一定程度上也意味着我们的理念品位、精神高度与思辨水准。焦点选得好，往往拥有了成功的一半；选得不好，则会导致事倍功半甚或无功而返。

前不久，我来到某校，和教师们一起观摩了一位青年教师的“课堂微观观察”课题研究汇报课。除了进行一般意义上的听课，我们更抱定一个非常明确、坚定的目的，即现场生成若干观察的焦点。必须说明的是，焦点也可以课前“预设”；观察同一堂课，观课者彼此的焦点可同可异；就个体而言，焦点则既可以在一定时期内一以贯之，持续关注，又可以因时而化，随课而变，等等。总之，没有定规，运用之妙，存乎一心。

这位老师上的是苏教版小学语文三年级上册的《金子》，讲的是，萨文河畔来了许多闻风而动的淘金人，彼得就是其中之一。不久，人们都大失所望，空手而回，彼得却在无意中发现这是一片沃土，适宜花草生长，于是勤耕不辍，精心养花，终于实现了先前的梦想："我是唯一找到真金的人！我的金子就在这块土地里。"

经过对话和切磋，我们现场生成了六个课堂观察的焦点。

第一，教师的"空间关注域"。

该班共48名学生，分8个小组，每组6人，由于是临时到一个面积较大的多媒体教室上课，所以学生坐得比较分散。执教者习惯于在最中间的一个过道离讲台较近的一小块地方来回走，而被她点名、有较多机会回答问题的学生也主要集中在中间四小组的前三排。这样，她所关注的空间范围就比较小。这自然包括目光所及的范围，其余的学生较少能真正有效地进入教师的视野。笔者发现，类似情形在很多教师的课堂里都出现过，特别是在一些经验相对较少的新手教师或青年教师的课堂上。

第二，教师的提问。

提问是教师组织课堂必不可少的环节和内容，十分重要。著名学者高文说，它是"将教师要教授的学习内容转化为学生想学习的内容的契机，必须教的东西不能教，而是将其转化为学生想学的东西，这就是发问的本质"。因而，几乎每一次课堂观察，都要聚焦于教师的提问。既可以聚焦于整堂课中教师提问的技术，也可以缩小视域，聚焦于某一次或某一类提问。这节课开始时，教师出示了文本中的一个关键句，并引出问题："彼得没有挖到金子，但为什么说彼得找到了真金？"这显然是教师课前设计的问题，是一个能统摄全篇、观照主题的核心问题。我们可以聚焦于它，特别是聚焦于它呈现以后，教师有没有，又是如何引导学生经常地、有机地呼应与回归于它的。倘若没有做到这一点，这个关键性的问题就形同虚设，失去价值，或者说，就有必要加以改变（如改变呈现的方式和时机），加以优化。当然，亦可聚焦于教师即时生成的问题，聚焦于这些问题的生成情境、生成机智，等等。

第三，学生对教师提问的反应。

这个焦点过大。因为，从广义上理解，学生在课堂里的表现都是他对教师提问直接或间接的反应。我们无妨把这个焦点再缩微一下，如，学生是否有一个必要的静候过程。这又至少包含两层意思。其一，学生有没有耐心等待教师把问题呈现完毕以后再作答。小学课堂上常有的一种情形是，教师问题尚未提好，学生便急不可耐，小手林立，争着发言。本堂课中，教师一边说“小朋友们一起来看，这些词语我们认识不认识”，一边打开课件相应页面。可页面还没有打开，学生便异口同声：“认识！”学生的反应看似十分迅速、敏捷，实则说明，他们并没有真正地倾听，未能切实地应和课堂的内在节律，对课堂的融入性还不够。其二，学生能不能对提问进行有效的、实质性的思考，或者形象一点儿说，他的语言能不能等一下他的思维。不需思考便能作答的问题是毫无意义的，教师要努力摒却这类提问；而对有一定思维张力、理智挑战的问题，学生如果也一味地脱口而出，那只能说明，他不动脑筋，信口开河，教师很有必要对他适时进行教学干预。总之，教师要逐步培养学生对自我的反应或回答负起责任的意识与能力，要让他们明白，没有思考，就没有发言权。

第四，学生个体的差异，以及教师的教学应对。

个体之间有差异或差距，这是必然的。目前我国大部分学校实行班级授课制，我们要处理好共同成长与容差存异的关系。要兼顾公平与效益，在全员达成基本教学要求的前提下，通过一些手段、方法使智力状态等方面更有优势的学生有更多、更大的发展机会和空间。这堂课中，教师布置了一些任务（如自行朗读、片段想象叙写等），有的学生完成得快，有的则慢一些，快者往往无所事事地静等着慢者。我把这些静等的时间称为“课堂边角时间”。教师有必要思考，怎样让快者（优秀个体）在“边角时间”里另有事做，另有问题思考。从表象上看，这是对课堂效益的一种谋划，而它又将反过来促成更深层次、更高水平的课堂公平的实现。

第五，教师的理答。

“理答”是指教师对学生回答问题的情况的应对或评价。理答得怎样，势必影响学生思维以及应答的意愿、水平等。因此，聚焦于理答时，我们同样有必要把焦点进一步缩微。如，聚焦于教师对学生意外或错误回答的理答。本堂课中，有些理答值得借鉴。譬如，教师问，某段中“哪些词语能表现彼得的不甘心”，有一个学生找出“默默”这个词，教师接着问：“你为什么找到这个词？”学生没能正面回答，而是把它所在的句子读了一遍。教师的理答是：“你使用了朗读句子的方法来回答问题，不错。”这较好地体现了她对学生的宽容和谅解。而有些理答需要改善和优化。如，还是就刚才那个问题，一个学生的回答是“坑坑洼洼”，教师说：“这是挖的结果啊！”意即它不能表现彼得不甘心。依我看，这个词语也可以从侧面说明主人公寻金心切，挖土较深，“不抛弃，不放弃”，可能只是因为和教师预设的答案有出入而被否定。在这里，我们无妨再等一下学生，听听他的理由，只要言之有理，同样应该为他送去肯定和赞许……通过这样的聚焦，我们理应能看到或感受到教师的应对能力、容错心理等，进而找到或厘清诊断课堂病理、化解课堂弊端的一些方法和途径。

第六，学生中的特殊个体。

要在乎每一条“小鱼”，而现实是，课堂中常有若干学生个体被“屏蔽”在教师的关注、关怀之外。这堂课里，一名坐在右后边的男孩全程几乎都在做小动作，只是偶尔抬起头来呼应一下“外界”。其实，他同样有作为焦点的价值，我们可以聚焦于他，并且通过一定的教学干预适当“转化”他，进而再把从中所获得的教育智慧迁移到对另一些特殊个体的教育上。

课堂本来就是由一个个“点”聚合而成的，课堂中的每个“点”都是一个“全息镜像”，透过它们，我们或许能窥见课堂全貌，乃至窥见教师完整的教育人格，甚至窥见更多课堂、更多教师的教学问题、教育思想，等等。因此，一堂课的聚焦观察便多少有一点儿（学科）教学论探索等方面的意蕴。当然，要能真正地窥斑见豹，聚焦观察之后我们还必须进行跟踪研究，也可以说，选取焦点只是我们后续研究的一个前奏。至于怎样开展后续研究，不是本文论述的重点，这里仅选两三例略做旁涉。

就第一个例子，我们可以研究教师关注力的“投放”与学生学习表现之间的关系。其间，可从课堂采择一些相关数据（如，教师对不同方位学生提问的多少），再将它与学生学业成绩等联系起来进行考察，通过量化分析，得出质性评判一类的结论。

就第三个例子，我们可以研究“时间差”与“思维差”之间的关系。所谓“思维差”，指的是学生在某一学习环节的前后，在思维等方面所发生的纵向的变化。没有“时间差”，应该就没有“思维差”。就此，我们可以进一步研究“课堂等待”的作用与意义。美国学者罗威通过有关等待时间延长的实验发现，在那些把等待时间延长了1～5秒的课堂上，发生了下列可喜的变化：①学生回答问题的平均时间增长；②学生回答问题的主动性和正确程度提高；③学生不能回答问题的可能性减小；④学生思考之后回答的现象增加；⑤根据事实推论的论述增加；⑥学生的提问增加；⑦学生做出的贡献更大。

就第六个例子，我们可以研究这个特殊个体在怎样的刺激之下才去呼应“外界”，从中发现一些规律性的东西，据此不断增加积极刺激的频次，进而提高他呼应的频次和课堂参与度，逐步改善他的学习状态……

» 本文发表于《教师教育与研究》2011 年第 4 期，收入本书时有改动。

| 第六讲 |

在理论的生成中加速成长
——谈教师的“实践性理论”及其生成

对中小学教师来说，实践性理论既是对自我教学行走的“写真”，又是在“写真”的基础上，进行适度的抽象或概括，进而形成个人对相关教学领域的理性认识乃至理论观点。它源于实践、高于实践而又为了实践。

一、实践性理论的内涵与特征

对中小学教师来说，实践性理论既是对自我教学行走的“写真”，又是在“写真”的基础上，进行适度的抽象或概括，进而形成个人对相关教学领域的理性认识乃至理论观点。它源于实践、高于实践而又为了实践。

所谓“源于实践”，是指它源自教师的具体实践活动，源自他们在这些实践活动中的经历、经验、知识和智慧等。

所谓“高于实践”，一方面是指它不同于一般的经历叙述、经验介绍，而是对这些经历、经验的“去粗取精，去伪存真”，是对基于这些经历、经验而逐渐生成、积淀的机智或智慧（它们往往“只可意会，不可言传”，属于波兰尼所说的“默会知识”）的较为精练、准确的言说；另一方面是指它的作用不局限于某一特定的实践情境，而可以在同类或相关情境的实践行为中得到迁移。

所谓“为了实践”，是指它的最终旨归不在于理论的发现、表达与创新，而在于实践的跟进、改善与优化。

综上所述，我们可以给实践性理论下一个粗略的定义：教师在自我实践经历、经验或体察他人的实践经历、经验的基础上，运用相关教育教学理论，借助一定的媒介，对某一个或某一些、某一类教学事实进行分析或归纳，从而形成有一定的创见或新意，能对个人后续教学或同行教学有所启发和助益，兼具较强可操作性和较强条理性、规整性的教学思考或教学观念。

实践性理论主要有以下几个特征。

首先，它是感性和理性的交融。没有感性（经验）的积累，或没有理性的“提纯”，它都无法生成。它属于华东师范大学吴刚教授所说的“中层理论”，介于一般理论和经验描述之间。在整个教育理论谱系中，“中层理论”有着十分宽阔的域幅。其中，有一些较为接近经验描述，表现出鲜明的情境性。另有一些则有较高的概括性，如果说它们也有所谓“情境性”，那就是一种类型化的情境。比如，笔者曾在有关论文里论及的“悲剧”作品教学的情境、作文教学中对话的情境等就是这样的，它们不限于一时、一地、一事，而指向若干时空中的一些类似的事实。显然，对类型化情境进行思考并提出类型化（问题解决）方法的实践性理论，其作用与价值相对较大，尤其值得广大教师去开拓与探索。

其次，它是属于教师自己的理论，适用性强。它是教师实践经验（当然也包括一定的理论素养）的厚积薄发，亦是教师对这些实践经验的澄清与校正，因而对作为实践者的教师（尤其是他本人）颇有“自洽性”。

值得一提的是，实践性理论主要是“实践者的理论”，亦可为“理论者的理论”。而即便是后者，也不等于从理论到理论的“经院理论”或“纯理论”，而是理论者亲临、介入乃至直接参与实践现场后所形成的感悟、思考与认识。因此，对一线教师而言，实践性理论有鲜明的适用性和可操作性。

再次，它诉诸言表，富有意蕴。一方面，“理论”可以说是“对理念（或道理）的论说”，教师的许多默会知识有一定的理性成分，有成为“理论”的可能，但终因未经论说而耗散殆尽。从这个意义上说，理论形态是对教师默会知识的守护，更是一种激活和放大。另一方面，既然是“理论”，就要尽量摆脱琐思絮语的状态，努力追求与体现其完整性、严密性，也唯有如此，才能生成和拥有一定的理论意蕴。

二、实践性理论的作用及作用机理

这里所谓的“机理”亦即“机制”，是指作用得以产生或发挥的内在因由、过程、规律等。

要想在教学实践中成就自我，教师要深刻地“吃透两头”（教材和学生）；要努力地砥砺教学技艺；要经常进行教学反思，并且尽可能使反思成为一种行为习惯乃至专业生活方式……除此之外，我以为，广大教师普遍缺乏但又非常重要的恰恰是提炼、形成与日益完善、丰富自我的实践性理论。“行百里者半九十”，我甚至认为，实践性理论对一些教师的专业成长或发展的作用就相当于“最后十里”；倘若没有“最后十里”，我们将难以达到更高的专业成功境界。

我们至少可以从以下四个方面来分析或透视实践性理论的作用及作用机理。

其一，真正属于教师自己的理论实际上都是实践性理论，而对各种专业人员来说，理论的有无、高下历来是衡量其专业化程度至关重要的标杆。仅仅知其然却不知更无以说清其所以然的教师，充其量是经验型教师；只有拥有了一定的乃至丰富的实践性理论，他才有可能成为智慧型或专家型教师。

其二，实践性理论具有鉴往知来的价值，它既是教师过往经验、智慧的结晶，又能观照其未来的“教学行走”。默会状态的经验或智慧或许能做到这一点，但这种观照既较为含糊、朦胧，也较为单一、狭窄；而实践性理论的观照却较为清醒、较为普适，因为它常能提供类型化问题的解决方法，这有利于教师本人乃至同行举一反三，触类旁通，实现迁移。

其三，正如朱永新教授所说，教得精彩才能写得精彩。一个缺乏理论自觉、书写意识的教师或许也可以教得精彩，但也一定“精彩得有限”。而有强烈理论自觉和书写意识的教师，一方面会出于素材、资源上的考虑或“迫力”（因其匮乏而产生的压力）而去“精彩地教”；另一方面，则会用“精彩地教”去验证和进一步发展自己的理论，进而在其实践和理论之间形成良性的互动与双赢 —— 实践也因理论而精彩！

其四，每一位教学优异的教师（尤其是名师）都用事实证明了形成实践性理论的必要性和重要性。确有一些“优秀教师”或“名师”是靠题海战术等来成就自我的，他们似乎不需要实践性理论的烛照和支撑，却也不在真正的优秀教师或名师之列。从对经验的每日省悟，到实践性理论的时时呈现，再到教学主张的逐渐成形……名师教学底蕴的愈益丰实、教学品格的愈益提升必然要经过这样几段历程。

三、实践性理论能为教师专业成长提速

实践性理论能为教师专业成长提速，是教师成就自我的加速器。自从任教以来，我就一直是实践性理论的亲力亲为者，对它不离不弃、痴心不改，因而成为它的一个较大的受益者，我从中所体验、享受到的职业快乐乃至生命幸福难以言表。

这里，我以自己比较熟悉的江苏省南通市三位小学语文教师为例，来进一步佐证我个人的观点。

第一位是南通市鹤涛小学的陆萍老师（她刚被评上小学高级教师）。她所在的学校是一所典型的城郊农村小学，学校一贯重视教师的内涵发展。任教之初，陆萍就有意识地对自己教学的得失成败进行反思，写教学日记，随时记下点滴体会。体会多了，她又有意识地对此进行归纳、提升，逐步形成关于课堂即时评价、“课眼”设计等问题的个人思考和方法。最近，她以《神话文本：课程价值及教学策略》一文获江苏省“教海探航”论文竞赛一等奖。在文章中，她着重提出了以下策略：①还原，让对象在场；②冥想，让精神遨游；③溯源，让文学在母体中发育。

陆萍说，在对教学实践和体会进行重新建构，形成自己的观点和策略的过程中，她仿佛听到了个人成长“清脆的拔节声”。

第二位是海门市东洲小学的祝禧老师（特级教师）。从教 20 多年来，她一贯重视把语文与生活、儿童与社会、教学与文化联系起来，走“大语文”之路。进入 21 世纪之后，她更是致力于打造个人的教学实践体系和课堂特色品牌。近年来，她提出和实践“文化语文”的主张，取得较为丰

硕的成果。如就小学语文课堂教学，她提出了以下理念与策略：①“母乳”文化：民族性追求。要让课堂教学牢牢扎根于民族文化的土壤中。②文学审美：艺术性追求。要在真实可感的美的境界中陶冶性情。③语言狂欢：基础性追求。要在生动活泼的学习活动中发展语言和思维。④文化活动：生活性追求。要努力让课堂的外延等于生活的外延。“文化语文”使祝禧进入个人事业前所未有的“腾飞期”。

第三位是南通师范学校第二附属小学的李吉林老师。她是“终身成长”的典范，也是实践性理论永远的耕耘者、播种者和收获者。换言之，李老师30余年情境教学（教育）的探索历程就是实践性理论不断生成创造、不断发展壮大、不断履新攀高的历程。可以说，没有丰富、鲜活、富有生机的实践性理论，就没有情境教学，就没有李老师作为著名儿童教育家的地位、声望与影响。

从最初对情境教学基本特点的概括（形真、情切、意远、理蕴），到后来提出创设情境的六条途径（以生活展示情境，以语言描绘情境等），再到情境教学基本模式（拓宽课堂空间，追求整体效益；缩短心理距离，形成最佳情绪状态等）的构建，直至1996年在“全国情境教学——情境教育学术研讨会”上推出情境教育的四个基本原理（暗示诱导原理、情感驱动原理、角色转换原理、心理场整合原理）……这些无不是也无不体现了李老师在实践性理论上的建设与突破，而每一次建设、每一个突破，都使她及其情境教学又步入一个新的、更为辉煌的境界。

通过以上考察我们可以得出以下几点。

第一，实践性理论不为某些人或某些时期所独有。这又至少有两层含义：其一，“初出茅庐”者也能够且应该对此有所问津、有所作为。用契诃夫在对文艺界提出希望时打的一个比方来说，就是“小狗也要叫”，尽管其叫声可能较为微弱、稚嫩。甚至可以讲，谁“叫”得早，谁就能占得专业发展的先机。其二，倘要永葆教学活力和创造性，你就要永远与实践性理论为伴。

第二，实践性理论的发展往往有一种“仰之弥高，钻之弥‘尖’”的趋向。意即越是往上提引、往高攀登，就越是聚焦于某一（些）问题域、某一（些）关键点，而到了这一步，你就很有希望形成个人的教学主张、教学风格。

第三，较为成熟或先进的教学主张完全能够成为教师本人及其所置身、所领导的教学共同体共同享用的实践性理论，它们可以对教师此后的教学知识、经验、智慧起到一定的先导、统摄、整合作用，使其生成新的、更高层次的实践性理论。从此，其实践性理论必将拥有更为优异乃至卓越的品质，也必将对更大范围内的教学实践产生一定的影响，做出一定的贡献。

四、教师怎样生成实践性理论

对中小学教师来说，让实践与理论“金风玉露‘时’相逢”，形成自己的实践性理论，是一种目标，更是一个努力方向。那么，如何才能形成自己的实践性理论呢？

（一）保持兴奋，捕捉亮点

要把大脑、思维充分激活起来，经常地、不断地从教学实践中寻觅、发现一些“点子”。著名物理学家泰勒说，自己每天至少有十个主意，而只要有半个主意有一点儿价值，他就很开心。我们也要有这种“点子”（或“主意”）意识。如斯特劳斯所说：“挖掘你自己的经历吧，那里可能有金子！”它们其实是蕴含着宝贵价值和丰富资源的“沙金”，一旦时机成熟，便会放出异彩。“点子”总是垂青于“有准备的头脑”，你只要“时刻准备着”，它们随时都可能翩然而至。

（二）零存整取，以简驭繁

每一个好的“点子”都蕴含着生成“理论”的可能，但不等于说，把原生态的“点子”讲述出来就是“理论”了，那是对“理论”的泛化理解，甚至是一种轻慢行为。有些老师也常常讲述“点子”及“一点一悟”，却难以上升到实践性理论的高度，最终也难成“气候”，这是因为他们还缺乏对众多“点子”的共性或理性的抽象、概括与提炼。我们要善于“零存整取”，要学会在积累大量点滴经验的基础上建构起自己的观点乃至观念，还要能以简明扼要的语言对此加以概括，形成自己的概念，进而再以这些概念统帅纷繁且难免芜杂的经验或“点子”。

（三）依托载体，持续观照

“理论”是教师人人可以有却未必有的东西。之所以未必有，往往是因为，有许多点子或想法、念头来去匆匆，随生随灭。因此，很有必要把它们留住，让它们生根，这就需要一方土壤、一个载体。课题即是一种很好的载体，便于我们据此对自己的一些教学思考长期关注、深度掘进、扩大战果。如，江苏省如皋市第一中学周建成老师研究“作文集约教学”课题。他提出了把教学要素相对集中，实现作文教学集群化、规模化的“理论”，并探索出重点难点集约化、写作信息集约化、写作教材集约化、教学过程集约化四条行之有效的策略。如今，“集约教学”已经成为一种广为人知并且不断得到推广的作文教学法。而对广大教师来说，微型课题的可行性和可操作性更强，更易于开展和取得实效。

（四）时时笔耕，以文赋“形”

马克斯·范梅南说，写下来是很重要的，因为只有“写下来”，我们才能清楚地意识到自己知道什么。张民选教授认为，隐性知识显性化的方法可以大大促进教师的专业发展。显然，写作是“显性化”最有效也是最重要的途径。实践性理论必须依靠写作来表现、实现与发展，否则，它永远只能飘忽游移、捉摸不定，似有若无、似是而非。倘若如此，其实也就没有“理论”可言。从某种意义上说，写作也是教师专业成长的加速器，至于怎样学会写作，答案只能是“在写中学会写”。

【附】

属己的研究要有属己的“词汇”

冯卫东

一

大多一线教师的研究，都是基于自己、通过自己和为了自己而开展的，即人们常说的“属己研究”。属己性是一线教师进行研究的显著而重要的特性，也是其恰切的价值定位所在。

属己的研究当然要用属己的语言、方式与风格来表达。但我们看到，一些教师却不是这样的，他们所用的语言、方式与风格往往缺乏“这一个”的个性：或者类似于行政话语、“社论”文体，充斥着“官话”、套话；或者太寻常，没有新意与亮色，是“普通话”或“正确的废话”；也有的附庸风雅，堆砌一些自己其实也未必明白的名词、概念，故作高深，不伦不类；等等。总之，其研究不能体现妥当、熨帖的属己性，不能烙上“我”的独特印记。

属己的研究要有属己的“词汇”，它指某个人或某部作品所使用或呈现出来的较为新颖，较具新意，较有个性特征，较少为其他人或其他作品所有、所用的语词，并且它还在这个人或这部（篇）作品的整体表达中居于重要的、能牵动或影响多个方面乃至全局的位置。正如晋代陆机《文赋》所云，“立片言而居要，乃一篇之警策”，它是“居要”的，能起到“警策”（即“警句”）的作用，亦即人们常说的“关键词”。

历史学家艾瑞克·霍布斯鲍姆在《革命的年代：1789—1848》一书中说：“词汇经常是比文献更响亮的证言。”教育学者杨九俊先生在总结自己长期的研究体会时说：“要贡献关键词，三两个就好。”这里的“词汇”

与“关键词”基本同义，它们都是研究者（作者）自己创造出来的，是真正属己的。就做研究而言，专业研究者是这样，作为“业余研究者”的广大一线教师，同样如此。如果我们终其一生都不能创造、享有这样的“词汇”，都不能贡献、践行任何一个这样的“关键词”，那么很难说我们在专业领域里拥有多少发言权，自然也难以走出庸常教书匠的境地，难以跟上“教师作为研究者”的时代步伐。

二

大凡优秀教师、名师，往往都有属己的“词汇”。在一定意义上，也可以说，他从普通教师走向优秀教师、名师的专业成长历程，就是这“词汇”生成、运行、发展并且不断赋值、增值的过程。倘若没有这样的“词汇”，那么，其研究立足点、专业生长点乃至事业“制高点”是什么，又在哪里？优秀教师、名师都有一定的影响力，会带动、助推其他教师，而他的“词汇”及其所代表的实践经验与理论智慧又恰恰是他带动、助推他人的一个行动“支点”。在“撬动”他人、激活群体的过程中，这一支点还会逐渐生长，不断蔓延，日益夯实。此时，原本属己的“词汇”便成了一种“公众话语”。

以 2014 年评出的国家基础教育教学成果奖若干项目为例。譬如，北京大学附属中学张思明团队的“双课堂”，上海市闸北八中刘京海团队的“成功教育”，江苏省苏州中学张昕团队的“‘湿地文化’课程”，等等，如今它们都已长成参天大树。但“合抱之木，生于毫末”，这“毫末”就是团队领头人独创的“词汇”，是他们围绕这样的“词汇”而展开的早期实践行为。

南通师范学校第二附属小学的李吉林老师获得特等奖（仅有两项）并荣膺第一。20 世纪 70 年代中后期，她从外语情景教学中汲取营养，把它的方法移用到小学语文课堂中。经过一段时间的探索，结合中国古代文论

“意境说”，她首创了属于自己的“词汇”以及独树一帜的教学方法——“情境”与“情境教学”。此后30多年，不断派生出“情境教育”“情境课程”“情境学习”等，它们被学术界公认为是一种“时代话语”。

上述诸位名师，当他们开始生成“词汇”时，都还是普通或初具优秀禀赋的教师，而在他们不断赋予“词汇”以充实内涵、优异品质和丰盈成果之后，他们的教育人生实现了升华。

三

2015年恰好是我从教30年。回望过去一万多个日子里的教育、教学和科研往事，几乎在专业发展的每一个阶段，我都自觉或不自觉地生成了一些饱含个人真诚、质朴的教育情思的词语，并付诸实践与潜心体悟。这些词语为我搭建了通往成功之境的台阶，为我垒起了建设思想“小筑”的砖瓦，为我培育了撑持个人教育“灵魂”的“体格”，当然，也为我蓄积了领先于一般教师的专业进程的底气。

我把这30年分为三个时期，每个时期“精选”一个或几个具有代表性的词语。

第一个时期是前十五年，恰好为初级、中级职称时期，是我的专业“初生期”。所选词语是“对话”。

毋庸讳言，这十多年里有不少日子我是在跌跌撞撞、懵懵懂懂中度过的。在渐渐变得清醒、有一点儿“教育自觉”之后，我感到，倘要真正走进学生的内心世界，就必须与学生进行真诚的对话。在我的理解中，“对话”有几个维度、若干要义，如平等、民主、尊重，如磋商、“(智慧)交换”、激发，如时机、情境、机智，等等。我每每以此观照自己的言行，特别是师生关系的处理：对同样性质的事情，先前我较多“一意孤行”，后来则注意缓一个节拍，尽量与学生商量着办，尽量让己意融入众意。如此处理的效果很显著。我把更多精力集中在作文教学上，逐步建构起“对话作文教学观”，注意在命题、指导、写作和讲评诸环节与学生对话，并促成生生对话，作文教学因此被激活，成为师生最乐意、最畅意的事。我在“新课改”实施之前便提出并发表了“对话作文教学观”。它足以说明，一个致力于建树自我教育之“魂”的教师，必然会与教育的正确走势合辙共振。

第二个时期是中间的十年，是高级职称时期，是我由一线教学人员转为专业研究人员的“转型期”，亦为个人专业成熟期。所选词语是“倾听教育”。

“倾听”与“对话”相辅相成，没有真正的“倾听”，就不可能有有效的“对话”；而“对话”则是对他人以及自我话语及心声的“倾听”……我与一所学校深度合作，开展“倾听教育”课题研究。确立这个课题，是受日本教育专家佐藤学先生的启示。他在《静悄悄的革命 —— 课堂改变，学校就会改变》一书中说：“应该追求的不是‘发言热闹的教室’，而是‘用心地相互倾听’的教室。”此后很长时间，我都醉心于这个词语，甚至到了“言必称‘倾听（教育）’”的程度。我们提出了“倾听教育”的“行动纲领”：“倾听窗外，声声入耳；倾听师长，天天向上；倾听同伴，走向共生；倾听儿童，享受教育；倾听自我，反思成长。”在“行动纲领”的统领下，我们进行行为训练，开发微型课程，改善课堂生态，提升自我修养……“倾听教育”让我充分领略了专业成熟期的美妙感受、巅峰体验。

第三个时期是最近五年，是正高级教师任职时期，也是我渐渐拥有专业影响力的时期。所选词语有几个，它们都与“儿童（学生）学习”及其研究有关。

李海林教授有“教师二次成长论”，他认为，“二次成长”常能使教师从优秀走向卓越。第三个时期正是我的“二次成长期”。我想，个人成长只是“算术级增长”，群体成长才是“几何级增长”，我把更多精力投入带动青年教师群体共同成长之中。

我走进青年教师的实践现场，了解他们的所思所想，从中为他们“抽象”出一个个兼具个体性、灵动性和内生性的词语，其中有不少词语成了他们今后专业攻坚的主方向。它们大多直指“儿童学习”，我希望以此促进他们把研究聚焦点由教师教适当“切换”到学生学。譬如，“自觉理念”，它是指学生能感知到并主动运用于学习行为自我调控之中的意识与观念。又如，“学习策略教学”，它是指以学习方法、策略等为对象或内容的教学，这些方法、策略不完全是师本或外源性的，它们（部分）也可以是学生自己的。再如，“经历学习”，它是指给予学生尽可能多的学习经历与历练的一种教学模式，旨在让学生更多地体验思维经历，参与知识发生的过程，不断实现“知识生产”……这些词语后来都“化作”省级规划课题，师生从中皆有所受益。而它们与我们频频“遭遇”时，恰恰是我和团队的“加速度拔节期”。

四

那么，我们怎样生成属于自己的“词汇”呢？有以下一些“技术路径”——

一是“众里寻他”，“广种薄收”。我每一天特别是每一次听课后常有几个主意、若干词语，而最后被明确提出并化为一种教学思路或理念的却只是其中的一小部分。比如，有一次听一堂小学数学课，我的脑海里先后迸出“思维情境”“微观公平”“道德附带”“课堂等待”等词语，此后只有“课堂等待”被我多次“重申”，并成为一位青年教师研究的课题。我倡导大家广思博想，让头脑成为一部“思维雷达”。

二是巧施“嫁接”，整合出新。李希贵校长说：“过去我们总把老师比作春蚕、蜡烛，这都对，但是今天我们还要当蜘蛛，给学生建立连接。”是的，我们进行教学和教科研创新，也要善于做“蜘蛛”，给自己建立连接。让几个习见习闻的词语在一种新的语境下“连接”，有时能生成创意无限的新词。如，鉴于很多人片面追求外在教学效率的事实，我想出“科学效率观”，到网上搜索，居然没有完全相同的词语。围绕它进行深度思辨，并阐述“降效提质”的主张，受到多家教育媒体关注。应该说，这是一个有些分量的词语，“分量”主要源于“大于部分之和”的“整体（概念）”，而不是其中的每一个具体语词。

三是“他人无意，我自有情”。大量课堂观察经历使我深感，很多老师在有意无意中“巧取豪夺”学生自主学习的时空与机会，没有赋予或还给他们应有的学习权利与尊严，这样的现状必须加以改变。但我一直没想出一个恰当的词语来概括这些想法。一次偶然读日本教育理论家佐藤正夫的《教学原理》：“尊重学习，就应该使儿童成为学习的主体……”我眼前一亮：“尊重学习”不正是我所要表达的意旨，不正是我在梦中追寻的词语吗？它在该书的作者那里，只是一个普通短语。我要让它“华丽转身”，成为一个“专有名词”，成为一种教学主张。（后来，南通市海门育才小学张海红老师在我的指导下提出“适宜儿童，尊重学习”的主张，并做出一个省级精品课题。）是的，还有什么词语能比它更言简意赅、精准传神地表达“新教学”的内在本质，揭示“新课堂”的变革趋势？

四是触“景”生词，词词联结。一个善于思考的人，往往能在他人没有留意的寻常现象中看到“奇崛”之点，然后再由这个点生发开去，形成一张隐形而又渐趋清晰的思维之网，这网上一些紧要的网结就是若干有所关联的词语。一次听数学课，一个学生回答问题错误，老师没有立马做出正误判断，而是请他说说是怎样想的，这位同学说完思路后忽然意识到自己的错误。就此，我很自然地想出“究错”（就错误进行溯源、归因），随后又“就势”想出“纠错”和“救错”——“纠错·究错·救错”，这正是对课堂中出现错误的三种不同态度、不同应对方法，也是处置错误的三种不同“境界”。简单纠错就像给中箭者剪去露在外面的箭柄；适当“究错”才是基于治标而朝向治本的拔根之举；巧妙“救错”犹如在歧途中邂逅迷人的风光。这里所言已经不是单个的词语，而是一个有机的“词丛”，有了它（们），一种新的教学策略、教学模式呼之欲出。

五

好的词语的生成不是一种纯粹的“技术活儿”，一味闭门苦思、向隅虚构，常有两种结果，一是觅不见它的“芳踪”，一是获得一个或一些缺乏生命力、了无灵气的“呆词”。好的词语最终只能源于厚实的积淀、创新的实践和深刻的领悟，好的词语背后一定站着一尊“思想者”的形象。

除此之外，我还有几点“温馨提示”。

其一，词语的生成要自然清新，忌矫揉造作。生成时可以有点儿勉强、生涩，生成后却要精心揣摩，尽量使其体现出一定的逻辑性或学理依据，能“站得住”。“站不住”的词语有可能使研究行为“失之毫厘，谬以千里”。

其二，对于“词汇”，我们不仅要就此“散点研究”，更要学会披沙拣金，再对少数精选词语进行“概念化处理”，使其成为“属己概念”。有人说，学术研究的本质就是概念的建立、阐述与演绎，可见概念对研究的重要性。有了概念还不够，我们还要努力把它发展为自我的教学主张、教学风格。

其三，不必奢言、夸口自己的“概念”是“全新”的。从一个角度看，世界上没有“全新”的事物。动辄说自己发现、发明了某种“全新”的东西，实则表明学风的浮浅与躁进。

| 第七讲 |

在主张的修炼中升华品格
——谈教学主张问题

炼制教学主张的意义更在于促进教师成为“明师”—— 明明白白的师者，而非使其成为名师。“明师”未必能成为名师，同样，“名师”也未必是“明师”。炼制教学主张的首要目的应该是，让不明者变明者，让明者更明。因为，教师的工作首先是“为人”的，“为人”的职业决定了我们必须努力做“明师”。

这里的“主张”即教学主张，“修炼”是指炼制与践行。

教学主张可谓古已有之，可以说，一部教学史就是一部“教学主张史”。当然，这里讲的“教学主张”是狭义上的，是指“主张者”关于自我教学行为的、比较上位的、能涵括与统摄多种更为具体的教学认识或理念的总体性的“教学观”，它是对“教学是什么”“教学该怎样”“教学往哪里”等本体性（或者根本性）问题的回应、回答和倡导。一般而言，这样的主张可以用一两句概括性很强的话语来揭示与表达。

我讲两个问题。

一、为什么要炼制和践行教学主张？

这是有关教学主张之研究的根本性问题。我们无妨看看成尚荣、余文森两位专家的观点。

成尚荣认为，教学主张“犹如一个人内心的指南针”，是“思想的血液，风格的灵魂”；它“是名师成长的标志，名师成功的密码”；“失却教学主张，教学风格充其量只是一种可供一时观赏而无实质内容的，平庸、苍白的教学表演”；“没有自己的教学主张，就不可能诞生真正的教学流派”。

余文森认为，教学主张是名师的“第三只眼睛”，“名师区别于普通教师的就在于这只‘天眼’，这只‘天眼’有时像显微镜，可以看清很细致、很弱小的教育细节；有时像望远镜，可以看见很远很远的发展未来。就其本质而言，这是一只专业的眼睛、智慧的眼睛”；它是“理论与实践、认识与情感、知识与智慧的‘合金’”；一个缺乏教学主张的教师，“是一个无家可归的‘流浪汉’”。

下面，我从三个方面谈谈自己对这个问题的理解。

其一，做“明师”，过一种明明白白的课堂生活。

倘若没有“名师培养工程”这类活动倒逼和助推，一些地方、学校通过多种举措促使教师炼制教学主张的热烈景象恐难发生。于是，教学主张的最大功用似乎就在于呼唤和推动名师的产生与养成，甚至给人一种印象 —— 教学主张就是为名师而生、伴名师而长的。

然而，名师诚可贵，“明师”价更高。我以为，炼制教学主张的意义更在于促进教师成为“明师”，而非使其成为名师。“明师”是指课程意识明晰、学科理解到位、教学走向清楚、实施方法恰当、工作效果显著的教师 —— 明明白白的师者。“明师”未必能成为名师，同样，“名师”也未必是“明师”。炼制教学主张的首要目的应该是，让不明者变明者，让明者更明；至于“主张者”最终能不能成为名师，那是次要的。因为，教师的工作首先是“为人”的，而不是“为己”的，“为人”的职业决定了我们不能“以其昏昏，使人昭昭”，决定了我们必须努力做“明师”。

而要做“明师”，我们绝不能仅凭感觉、只靠经验，还必须有相当高度的理性自觉与相当丰富的理性智慧，可这些也不是只经由一般总结和简单体悟就能获得的，往往还需要经过更深入、更系统、更“可视化”的思考、梳理、整合、表达与对话才能达成。这即是教学主张的炼制过程。

“炼制”是著名生物学家和科学认识论研究专家安德烈·焦尔当提出来的，他说：“知识的获得源于一种炼制活动，在这一活动中，学习者必须让新信息和所调用的知识进行对质，在这种对质中生产出更适合回答自己所提出问题的新含义。”① 学者代顺丽则讲：“‘炼制’与‘建构’不同的是，‘炼制’强调知识的获得不止包括一个‘建构’的过程，还有一个‘解构’的过程。在新知识出现之后，学习者的原有知识对新知识的习得构成‘许多严酷的障碍’，所以，学习者在建构之前要进行一番‘净化’，进行一场解构。”② 在我看来，“对质”就是“检验”，“解构”就是纠偏走正。我们炼制、践行教学主张，同样要“让新信息和所调用的知识进行对质”，同

① 焦尔当，裴新宁．变构模型：学习研究的新路径 [M]. 杭零，译．北京：教育科学出版社，2010：2.
② 代顺丽．论知识的课程炼制 [J]. 当代教育科学，2015 (22).

样要“进行一场解构”，这些正是“为正确而行动，让行动更正确”之举。而旨在“正确行动”或“行动正确”，又恰恰是“明师”之“明”所在，是“明师”区别于“盲师”（方向不明、方法不妥、路径不对、效果不佳的教师）的分水岭。

“明师”和名师是于两个方向、维度说事的，前者未必“等而下之”，甚至更难成，也因此，需要恒求之，智为之；而“智为”的一个必由之径即是，以适当的教学主张为引力与驱力，教师与学生一道，不断走向知识、能力、情感与智慧的“澄明之境”。

其二，立“主帅”，使实践行为不再是“乌合”之举。

炼制教学主张，也是在为我们的实践行为“立帅”。“明师”大多是头脑非常清晰的人，对于何去何从，常会有预见意识、超前谋划和统筹安排，许多因素、事情在他那里不是一团乱麻，而是井然有序，协同共进。这样的大脑就是清代王夫之所说的“主帅”：“意犹帅也；无帅之兵，谓之乌合。”“主帅”的特征及作用在于，站位高，能适当“超然物外”，有较大的器局和格局，整体思维好，善于调动一切积极因素，进而形成合力，产生较好的乃至最佳的谐振效应，使我们从“自发摸索状态下的算术级增长”走向“自觉探索状态下的几何级增长”，使教学实践性知识实现“整体涌现性”。

相当一部分教师的日常教学行为是较为随意、零散的，这对其自身专业发展的不利显而易见。不说这样的行为本身难免有“出工不出力”的怠惰心理在作祟，就是出力了，也往往像张开的五指，其作用力总是分散的、有限的，而不能如攥紧的拳头，向前一击就是重重的一记，留下一道鲜明的印痕。除此之外，它对学生的学习也会产生不利影响。零散抛洒的种子焉能长出成片的、高产的和优质的庄稼？倘若教师“主帅”不清、思路不明或如意识流一般信马由缰，他所在的课堂也能走出一个或若干优秀的学生，但那肯定不是教之功，而是学之果，这份果实里面还包含一份由学生对教师教学之叛逆行为而顽强长出的“苦果（艰苦的果实）”……总之，没有行动主见、教学主张的教师，我们不必寄望于他们能真正培养出优秀的、有创造性和可持续发展力的学生。

教学主张就像大脑，课堂模式就像骨骼，教学内容就像肌肉，教学设计就像神经系统，教学语言就像血液。骨骼、肌肉、神经系统和血液无一可缺，都很重要，但这一切都必须由大脑来支配和指挥。“脑死亡”可以判定为生命体的死亡，那么，“主张阙如”的教师，他们的教学生命又将怎样呢？年复一年、日复一日地“讲那过去的故事”，“拿着一张旧船票，却想登上当下教学的新客船”，或者刻舟求剑……这些将是他们无可逃遁的命运。

其三，成名师，让教学主张发挥更大的效力。

关于教学主张促进教师成长这一意义与价值，“前人之述备矣”，我这里只写几点随思。

没有明确的教学主张，焉能成为名师？一位博士生问导师，自己的论文什么时候可以开题，导师说，当你能用一句话概括自己的全部想法时就能开题了。名师其实也要有这么一个“金句”（他的教学主张）。若没有，怎能说明他对教学的一些主要问题想得通、拎得清了？如果他还经常为一些教学问题的厘清和处理而头痛、失措，那么，他算得上真正的名师吗？从这个意义上讲，教学主张是教师成为名师的必要条件，是教师走向名师之境的通行证。

普通教师成了名师后，还需要借助教学主张这把火来造势、生威，以奏“火借风势，风因火威’之效。名师要有一定的势与威，要凭借这些对更多普通教师产生影响，发挥引力作用。名师之名望与影响与其说是他“自赋”的，毋宁说是一个好的教学主张赋予的。有时候，我们甚至难以辨清道明，是教学主张造就了名师，还是名师成就了它，而最佳状态是互生共赢。亦可将教学主张比作集结号，吹响它常能驱动自我，带动大家向着更高、更远处进发。

名师还需要借助教学主张的“转化”功能，使更多日常“劳作”走向和成为一种“行动”。阿伦特有一个著名的观点，她认为，人有劳动、工作和行动三种最基本的活动：劳动是一种为满足人的生物性需要而从事的活动；与劳动相比，工作是个更重要的、更有尊严的、有着更多自由的领域，但它没有完全摆脱必然性，因此，仍然仅仅是人类自身实现最高自由的手段；而行动对人之为人的生活才是根本性的，人只有在行动中才能寻求不朽，才能获得超越于动物性生存的意义。名师教学要努力超越“必然性”，追寻“不朽性”（教学之于教师个人和学生较为“恒远”的价值），这就需要他自身有较为强大的“转化力”，把日复一日的劳动转化为工作，进而转化为行动。行动一定是自觉的，而教学主张即是一种高度的教学自觉。

名师还要善于借助教学主张来形成自我实践与理论研究的“拳头产品”。名师的研究成果可以像伸开的手指，只要是他感兴趣的东西，都可以有所涉猎、有所建构；当然它更适宜的是像手指收拢起来朝向掌心而形成的一个强有力的拳头，“拳头产品”对较高目标的攻击力更大，命中率更高。教学主张自有一种“收拢机制”，它能把平素很多碎片化的启发、感悟和收获集中起来，凝聚成一种思想、一批成果。真正的、卓越的名师无不是这样，“聚成一把火，散成满天星”，这满天的星光往往有一个最大的光源，这就是他积久而成又历久弥新的教学主张……

名师要有教学主张，但教学主张却不是也不应该是名师的专利；无论是凡师还是名师，在拥有教学主张的问题上，都必须明确目的，端正动机。概言之，拥有教学主张是为了让教师教得更好，让学生学得更优，是为了让我们“朝规律靠拢，向规律求真，用规律照路，借规律成功”。也就是说，教学主张首要的意义与价值在于，它可以让我们无限地接近真理，并以真启善、以真创美，在真、善、美的课堂生活中，教好学生，发展自己。

二、炼制和形成教学主张的方法

“教学主张”是新生之物，但只要我们秉持求真务实、适用有效等原则，就能找出若干条正确的、可取的道路。

（一）从过往鲜活的教学经验中“长”（孵化）出来

2016年底，南通市通州区平潮实验初中陆志强老师专程来拜访我，请我帮助他提炼教学主张。我嘱他带来几节能较好地体现个人风格的课堂视频，现场摘播部分片段，并简要讲解。他带来的课有“有理数的乘法”“多项式”等，我注意到，它们有一个显著特征 —— 善变。

譬如，学习“正数乘负数”，他不是按常规教法，先讲授新知，讲透例题，然后让学生进行迁移训练。他的教法是先让学生观察乘法算式（如下所示），从中发现规律，再让学生根据发现的规律，往下续写三个算式，并观察结果。

$3\times3=\quad;\ 3\times2=\quad;\ 3\times1=\quad;\ 3\times0=$

学生由上面四个算式“推导”出，一个因数不变，另一个因数依次递减1，结果依次递减3，因此，续写的三个算式应为$3\times(-1)=-3$，$3\times(-2)=-6$，$3\times(-3)=-9$。由此得出结论：正数乘以负数等于负数。

再如，学习“多项式”，他让学生在共同学习例题之后，相互出题，让同桌或周边的同学来做，并提出了三点要求：出的题越难越好；学生自己必须会做；尽量能讲给别人听，使不懂的同学能弄懂。

几节课有一个共同特点 —— 少演绎，多归纳，善发现，优迁移，将传统及一般数学课的学习流程颠了个个儿（用顾泠沅教授的话说，是“过程性变式”），重在引导学生发现，再将发现力转化为后续强大的学习力。即便是演绎（或迁移）式学习，也尽可能少进行一般化练习（做题），让学生做“小先生”，或者“发动群众斗群众”，相教、互比、共学、同进，这样做使师生、生生之间的关系变得“复杂”和“好玩”起来，进而使学习活动变得更有情趣和意趣。

据此，我经过再三斟酌，概括出“变构学程，裂变学力”八个字。“变构”即“改变或重新组合结构”，这是我想出的一个词。后来我发现，生物学上也有“变构”的概念，是指一个蛋白质与其配体结合后，蛋白质的空间结构发生改变，调节了蛋白质的生物学功能。我还发现，教育科学出版社曾出版了法国学者安德烈·焦尔当的《变构模型：学习研究的新路径》一书。这两个“变构”与我提出的语词所表达的意思有类比的关系或大致相同，它理应是一个可以成立的“新概念”。“学程”主要指教学（学习）的过程（或程序，也可以指课堂组织或人际关系结构），还可以指学习的课程（内容）。“裂变”原本是物理学中的一个概念，我借指学习效能的“几何级（而非算术级）增长”。“学力”指学生的学习力，包括智力性因素和非智力性因素。“裂变学力”是“变构学程”所追求的最终目的和理想愿景，两者之间未必呈简捷的“有因必有果”式的线性关系，我们不能急于求成。“学程”与“学力”是陆志强的导师、著名特级教师李庾南的《初中数学自学议论引导教学法》中的两个重要概念。“变构学程，裂变学力”的总体意思是：适当改变常规课堂结构，更多地变演绎为归纳，让学生多“发现”，尽力提高“迁移率”。亦可将其简称为“变构数学”。“结构决定效率，结构决定功能”，“结构一变，活水自然来”。几乎所有不涉及结构重组的变革行为都是浅层次的，是“换汤不换药”或“新瓶装旧酒”之举。

陆志强后来做得风生水起，成果斐然，他在《上海中学数学》《中国数学教育》上发表《合理变构学程　助推学力提升——以人教版“22.1二次函数”教学为例》《激活经验　变构学程——“反比例函数”教学实践与反思》《学程变构，指向学生的自主发展——“平方根”教学实践及反思》等多篇文章。而我在其中所起到的作用是，通过炼制与揭示这一主张，更加坚定与强化了他的“变构自觉”，这可能有助于他今后更大的教学创新。

（二）在教学之“实然”与“应然”的裂谷间“树”起来

有时候，教学气候缺乏生机，较为沉闷，让人难以感受到应然或理想的气息；有时候，我们已然形成强大的“动力定型”，对于任何教学对象和问题，总是习惯于用某种先验的、固化的思维方法与行为方式去面对和处理，甚至沉醉其间，感受不到任何“不适”，更没有产生“生活在别处”的愿望与冲动，进而使自我踯躅和停留于古井般波澜不惊的教学“实然”中……这时，我们多么需要有些勇气，有点儿“叛骨”，与周遭世界抗争，克服“路径依赖”，用新的教学主张唤回“东风”，创造崭新的、活泼泼的教学世界。

南通市崇川区小学语文“五朵金花”之一、南通市学科带头人宋晓丽多次邀我听她的研究课。有一次我听的是阅读教学课《桂花雨》，在对她优异的教学禀赋以及融洽的师生情感赞赏之余，我也坦言，她在课上站位过于靠前，个人“权重”偏大，过多也过早地表达、呈现了自我对教材文本的理解和体悟，在无形中窄化了儿童的自为空间。我希望她适当地把身位往后挪一挪，将“发现权”更多地交给或归还儿童。鉴于她的先生、我的同事邢晔老师正在潜心研究“发现作文”的教学课题，我建议她与之并轨研究，走上“发现语文”之旅。我说，儿童的“别名”是“发现者”，语文学科里有许多东西可以让他们自己来发现。她听取了我的建议，提出“发现语文”的教学主张。此后三年里，她“痛并快乐”地跟过去“揖别”，在教学方式和风格上出现了很大改观，“发现语文”相关成果不久前获得2018年江苏省教育教学研究成果奖。

于“裂谷”之间树“主张”，它所力求解决的往往不是小的、微观形态的问题，而是大的、根本的、要害的问题；它所引发的后续行为不是一般意义上的改变、改善或改良，而是一种转型，甚至是一场“革命”，因此不可贸然而行。

其一，要积蓄、积淀丰厚的底气和底蕴，小河行舟常局促，大江挂帆易调头。一旦发现、认识或感到自己尚无这样的底气和底蕴时，宁可持守正之态，也不可、不必“强求”出新。

其二，宜先立后破或边立边破，也宜小步缓走。当然，在充分审时度势的基础上，亦不必优柔寡断，无妨当机立断。总之要充分运筹，谋而后动，力求稳中制胜。

其三，此类教学主张可以和此前的实践行为有所悖反乃至“决裂”，却必须和今后的实践行为交互吻合，“心心相印”。若思左而行右，形存而实无，不如没有这主张好。于“裂谷”之间“树”起来的主张更要用事实来说话，以实践来检验。

（三）于典型课堂（课例）中提取精髓，把其中蕴含的可复制性因素的价值“放”出来

真正好的课堂本身就是一部“活的教学论”，从中提取精髓，加以放大，有可能超越此时此地具体的教学情境，而成为“通用”于同类乃至更多类课堂的行为理念或者教学主张。

南通市曙光小学戴建锋校长是一位优秀的数学教师。大概十年前，我听了他的一堂数学课，课题记不得了，教的是“编码”（譬如身份证编码）的数学方法。他把学生的热情全部调动起来了，这堂课上得很成功。印象特别深的是，他时不时引着学生齐诵“学习要以一当十，不能以十当一”“边做边想想得妙，边想边做做得好”（大意）等“口号”，还让学生在一个教学环节开始前“预想”或结束后反思将用或已用什么样的方法、

策略，课毕时再总结出若干条经验或教训。总之，他千方百计让学生做“明白人”，努力让学生知晓、清楚应该如何想、怎么做。其时我脑子里有一个词应景而生——“自觉”（自我觉知，做学习的主人）。

后来，他要申报江苏省教育科学“十一五”规划课题，请我指导。我问他近期有什么新的想法和做法，他滔滔不绝地谈这两年是如何培养学生的“自助式”学习能力的，还举了一个后来到上海一所重点高中求学，不久即成为全校知名“学霸”的学生的例子。他说，那里的老师评价这个学生最懂学习，也最清楚自己该怎么学习以及如何使自我的学习更趋优化。这个学生现在经常跟他联系，说小学时戴老师教得好、教得巧，使自己特别有学习后劲……这时，“自觉理念”四个字闪现在我的脑海中，随之有了一个课题名称——“‘自觉理念’驱动下的儿童数学学习研究”。所谓“自觉理念”，指的是能唤起学生的主体意识，促进学生自我觉悟与觉醒，引领学生更自信、更积极、更有效地进行学习的思想与观念。它强调学习者对自我学习行为的觉醒状态、自省意识和调控能力，而不是懵里懵懂、混混沌沌。

再后来，戴建锋校长就“自觉理念”这四个字提出了教学主张——“基于‘自觉理念’的小学数学教学”，并连续几次成功申报省级课题。他说这将是自己终身为之努力的一个研究。前不久，他们和北京市通州区马驹桥镇中心小学联合举办第三届“双通共生”教学联谊活动。在一位体育教师“出身”的数学教师所执之课中，学生的自教和互教能力特别强，这位教师在很多时间里则乐当“助教”角色，赢得了北京同行的高度评价。戴建锋校长说，这一切都是“自觉理念”带来的福音。

（四）把平素已做、想做和能做的理念、策略等“接”起来

鲁迅先生在《我怎样做起小说来》一文中说：“所写的事迹，大抵有一点见过或听到过的缘由，但决不全用这事实，只是采取一端，加以改造，

或生发开去，到足以几乎完全发表我的意思为止。人物的模特也一样，没有专用过一个人，往往嘴在浙江，脸在北京，衣服在山西，是一个拼凑起来的角色。”这就是“杂取种种，合为一个”的构思、创作和表达方法。

教学主张的炼制与形成也可以（或必须）这样，“杂取种种”片段、事实、现象、信息与理论，最终“合为一个”。只想到一点儿事实，只虑及一种理论，便贸然提出的主张，难以面对复杂的教育世界，难以接受现实的考量、实践的检验。“接”起来的教学主张犹如合金一样，因为它萃取而合并了许多优异的因子，所以思路较为开阔，站位比较高，也就有了更大的力度。

我指导南通经济技术开发区小学数学教研员杨万东老师确立的“理错教学”主张即如此。

那次，他带着团队成员向我请教炼制主张一事。我照例问他是如何做、怎么想的，主要困惑在哪里。他告诉我，不久前自己取得了硕士学位，硕士论文是关于“理解教育”在小学数学教学中的应用。“理解教育”为华东师范大学熊川武教授所提出，他和江玲著有《理解教育论》，并付诸实践，产生了很好的效应与影响。杨万东的导师是熊教授的博士生，因此他选择了这一研究方向。我认为这很好，数学学科非常需要“理解”，教师要想方设法让学生理解相关的学理和算理，否则，学生即便题目做得对，也不过是依葫芦画瓢，问题或学习情境一变，学生还是不会做或者会做错。就此，可以提出“理解数学”的主张。

他说，自己也曾这样想过，现在却颇为纠结，因为华应龙老师（著名特级教师，“化错教学”倡导者）是他的师兄，华老师希望他也参与到“化错教学”中。我眉头一皱，计上心头：“你可以从‘理解’和‘化错’这两个词中分别选一个字，‘理’和‘错’，构成新概念——‘理错’，并提出‘理错教学’的主张啊！为什么学生会犯错，甚至一而再，再而三地犯同一类错？主要原因就在于，他不明白出现错误的根本原因何在，不懂得如何从根源上解决出错的问题，这就需要‘理解错误’。还有，‘理’在

《说文解字》中的解释是‘治玉也’，这是它的‘字源义’。所谓‘治玉’就是对璞玉进行雕琢，把它‘治’成晶莹剔透、光亮耀眼的玉器。学生在一段时间内的学习结果就像一块璞玉，对错皆有，良莠并存，要引领他们像‘治玉’一样去‘理错’，从中或许会‘理（治）’出特别有价值、有意义的学习成果……”杨万东等人频频颔首，他们为这个合二为一、化解纠结又示明方向的教学主张之“诞生”而高兴。

我还和他们一起“理”清了今后的“行动框架”和“路线图”。

1.“理错教学”的界定

“理解教学”是指“从学生的学习过程中所发生的错误里‘理’出价值与意义”的教学理念、教学主张、教学方法等。“理”的意思是区分、厘析、整合、提纯、彰显与放大等。

还可表述为“理解错误，错中生智”。“理解”至少有三层含义：一是以理解的态度对待、包容；二是引领学生理解错误的来龙去脉，以及化解的方法、策略与路径；三是教师要学会和善于判断学生错误的缘由，以及错误有无价值、价值大小等。

2.“理错教学”的若干“隐喻”

理错就是“理玉”，理错就是“理智”，理错就是“理财”（“垃圾是放错位置的财富”）。

3.“理错教学”的操作要义

“理会”（理睬）错误 —“理答”错误 —“理论”（追问，究错）错误 —“理解”错误 —“理喻”错误（从道理上明白，要学会规避一类错误；还指要明白走向正确、学会创生等方面的一些道理）。

4.“理错教学”的“行动纲领”

倡导尝试，鼓励创新，善待错误（特别是善待“有理由的错误”“值得犯的错误”），转失为识，化识成智，积智生慧……

此后，杨万东团队认真地做“理错教学”，开发和积累了一批典型课例，还在《江西教育》《辽宁教育》等刊物上发表了相关研究成果。

（五）从学校文化的整体背景中选定“圆心”，将课堂变革之矢“射”过去

教学主张生成于“主张者”自身的文化之中，它一定不是一片没有任何文化根脉的浮萍；“主张者”也一定不是一个来无影，去无踪的“独行侠”，他个人又有着某种群体乃至社会文化的背景，其教学主张所系的个人文化根脉充其量只是更大文化背景上的一个支脉。“主张者”可以观照其所在学校的文化背景，从中选准、瞄定“圆心”，将个人教学主张或课堂变革之矢朝着它射过去。

南通海门市第一中学是由海门市内三所办学定位、办学水平相近的普通高中合并而成的。学校请我为其设计文化建设方案，我确定的总体思路是，甄选、吸纳原来三所学校的优质文化元素，将其熔铸整合，再从其中跳出，增加新的东西，最终达到推陈出新、承中有创的效果。我从拟定校训开始。三所前身学校中只有三厂中学有较好的校训——“大德曰生”（它原为“大生三厂子弟学校”，厂名“大生”二字取自《易·系辞下》：“天地之大德曰生。”），而海门位于“海之门”（黄海之滨），海门教育要努力表现出“海纳百川，有容乃大”（林则徐语）的精神气概，由此我拟定“大德有容”作为该校的校训，并以“大有”作为学校文化品牌名称。校方高度尊重我的意见，并请我进一步思考，究竟该提出一个怎样的教学主张，打造怎样的课堂品牌。经过多次修改，最后我们确定了“有容课堂，分担教学”的主张。前四字由校训得来，后四字则由南通市课堂改革“十二字建议”中的“踊跃展示”“变形”而来。

该校颇有执行力，现已就此举行过两届大型课堂专题研讨活动，我有机会听了若干节好课。如青年教师汤敏敏执教高三的作文课，让学生就北

京秋季“缓扫落叶”，为城市增添别样的美一事进行话题作文发散思维训练，学生们非常踊跃，课堂中不时迸发出思维火花。我以“在发散性思维的‘可视化’中实现‘分担教学’”为题做了深度点评。

就海门市第一中学的“八字主张”，我们达成了很多共识。

“有容课堂，分担教学”，前四字指的是课堂建设与变革的原则、要求和目标，后四字指的是主要操作方式和实践路径；也可以说，前四字是一种指导精神，后四字是一种技术路径。

《说文解字》说：“容，盛也。”“有容课堂”首先强调课堂自身盛放的“容量”。当前，普通高中课堂“容量”普遍偏小，这并非指课堂“呈现”出来的知识、信息或者让学生进行的练习、“刷题”量偏小，而是说，有效达成度不是很高，能让学生“带得走”的东西不是太多。

我们重点从以下六个方面考量“有容”问题——

其一，教学内容（的准备）有适当的容量。包括必要的拓展，它以适量为前提，可在此基础上略有增加，以便部分学优生“选修”。

其二，思维的发生有较高的有效性。要努力延长学生课内的有效思维时间。有时，为了达成较为饱和的思维容量，我们无妨在知识的呈现量上有所缩减，力求“删繁求丰”，在题量等方面做“减法”，在思维生成等方面做“乘法”。

其三，教师对学生在学习过程中出现的错误有“包容”的雅量。

其四，课堂生态有较优的“容颜”。它应是“和颜悦色”的，是和谐共生的，是兴奋愉悦的，而不是万马齐喑、死气沉沉的，要努力表现出较好的“课堂气质”。

其五，每个个体对群体学习都有一定的贡献率。如古人所云，“泰山不让土壤，故能成其大；河海不择细流，故能就其深”。不能因为有些学生的贡献率（暂时）较低，就让他们“噤声”。要努力让课堂成为每一个人的课堂，大家相互包容、悦纳、欣赏，让课堂实现多赢。

其六，课堂最终在知、情、意、行等方面有所“增值”或“扩容”。它还包括当下对未来之“容”，要让学生有可持续学习力。

关于“分担教学”，我们是这样认识的。

其一，对“容”字，无妨来一番“望形生义”的“说文解字”——在同一个屋檐下，在同一个家中，人人都有“口”，人人都有言说、表达、交流、对话和发表的权利。教学的权利要让大家分享，课堂的责任要让大家分担。要建设“有容课堂”，就必须进行“分担教学”。

其二，“分担教学”不是一种“乌托邦”，它有着多方面强大的理论支撑。苏霍姆林斯基说：“最好的教育是自我教育。”联合国教科文组织在《学会生存——教育世界的今天和明天》中指出：“未来的学校必须把教育的对象变成自己教育自己的主体。受教育的人必须成为教育他自己的人；别人的教育必须成为这个人自己的教育。”陶行知先生有“小先生制”理论，郭思乐教授有“生本教育”理论——把能托付给学生的教学尽量托付给学生，还有“表现性学习”“股份制学习”“学习金字塔”等方面的理论。“学习金字塔”理论认为，“转教别人”是使自己学到的知识得以最好地留存下来的一种学习方法。

其三，几乎所有成功的教学改革都包含了“分担教学”的活性因子，甚至在一定程度上都是“分担教学”。也可以说，没有对教学的“分担”，课堂变革是不可能深度、彻底和优效的……

我还想，这类教学主张都是由蕴含新质的学校文化“顺产”而来的，可否有另一条“进路”，即，以教学主张、教学行为的变革为起点，“逆生”出学校的文化新质乃至学校的新质文化？应该是可能和可以的，正如佐藤学先生所说，课堂改变，学校就会改变。

（六）从学科的特质与规律中掘出内核，将教学之舵“拨”过来

有好多教学主张内蕴着（或者其自身就可以成为）各个学段、各个学科教学的“通性通法”（数学中的一种说法，这里借指学段之间和学科之间共同的道理）。当然，我们还要充分观照学科本身的特质和规律，从中挖出并凸显其特有的内核，再对教学方向进行精准调整。

江苏省南通市通州区教师发展中心小学数学教研员张霞向我请教教学主张该怎么提炼。我问她平时带领老师们思考得最多、实践得最好的是什么。她说，他们非常重视在教学中让学生探索、发现数学题背后的算理和学理，很多老师达成了一些共识，形成了较为一致的行为风格。比如，不会轻易地向学生演示做题的过程，也不把学生能模仿着做对题目当作一种即时性目标，而是尽可能地、想方设法地让学生绕到题目（或表象）的背后，发现这里藏着的概念、原理等一些本质性的知识……由此，我想出“寻理”两个字——张霞团队带着学生在由数形、符号等组成的数学世界里“追寻”着“理一分殊”的那个“理”，接着就势再想出几个同音字——“循”“巡”和“询”，组成“循理”“巡理”和“询理”，它们都讲得通，也都可以统摄在“寻理”（追寻算理或学理）的理念之下，都属于广义的“寻理”。我们把这样的情境称为“寻理课堂”。在就此成功立项的江苏省教育科学规划课题申报书中，她这样界定“寻理课堂”。

理，原指物质组织的条纹、纹理，这里指数学学科的原理、算理、学理，以及理性思维、理智洞察、理性精神。“寻”，是指追寻、寻求、寻根究底，这里兼有“循、询、巡”之意。“寻理课堂”是指学生在教师的引导下自主寻找学科原理的课堂样式（样态）。在此过程中，教师还需关注

学生是否“循理”（遵循学科的思维方法）而为，倡导学生“询理”（互相质询、追问）而行，引导学生“巡理”（巡探究路径、巡推理步骤、巡以往经验）而思，从而深入理解知识，优化认知结构，习得思维方法，概括学习经验，积淀学科核心素养，获得理性精神。

她还引用张奠宙、郑毓信等名家的观点来支撑自己的教学主张。张奠宙明确提出，“拒绝实用主义”，“最简单的东西，往往也是最本质、最基本的东西……这就是数学思维，是科学精神，是我们要着力培养的一项重要内容”。郑毓信指出，“让学生随着数学知识发生与发展的过程学会思维，并能逐步学会想得更清楚、更深入、更全面、更合理，逐步走向理性精神”。数学课堂必须在“寻理”上下足功夫，套用陶渊明的名句“此中有真意，欲辨已忘言”，我们说，“此中有真意”，倘若远离它，那么，“多辨即妄言”。

（七）借“童眸”来审视和思辨，将儿童立场和学科立场“融”起来

巧用学生富含可爱童心、灵巧思维、睿智思想等的话语，从中择取某个或某些语词作为关键词，并与教师个人的日常思考等链接起来，这样可以形成兼具童趣与哲思的教学主张。

有一次，我们上公开课《城南旧事》。在课将要结束时，陈老师笑着告诉我们：“《城南旧事》的作者用儿童的眼睛看世界，这就叫儿童视角。”我由“儿童视角”联想到有一本小说《童眸》，它也是通过儿童的眼睛看世界的，于是我高高地举起了手：“儿童视角也可以叫‘童眸’。”

陈老师高兴极了，把“童眸”两个字写到黑板上，还开玩笑说：“你懂得真多！要是老师没点儿文化，还真不知道这个词怎么写呢！”我就是忘

不了，忘不了老师带给我的欢声笑语，带给我的喜悦与自信。

这是我徒弟陈鑫颖的学生曹之余在期末考试作文《就是忘不了》中写的两段话。陈鑫颖在一篇教育随笔中引用了这个学生的两段话，我看到后顿生灵感：陈鑫颖正在为确立教学主张而犯难，眼前的这个“童眸”倒是一个好的字眼，何不就此想开去？于是我和陈鑫颖有了一段微信往来——

冯：将“把‘童眸’引向更深处”作为你的教学主张，可否？能不能基本涵盖你的思想？

陈：能。但“引向更深处”容易让人想到“深度学习”。这是一个热词，说的人很多，需不需要回避一下？

冯：热词未必不可用，关键是，是否切合你自己。当然，也可以把“更深处”这三个字改为“明亮那方”，这取自日本著名童谣诗人金子美铃脍炙人口的诗作《向着明亮那方》。

这个更好一点儿，“明亮那方”亦包含“深处”之意。儿童的阅读可能还是浅层次的，浅层次的也就是懵懂的，那就是不明亮的。他只有沉潜到阅读文本的深处，才能发现许多文字背后的秘密，发现许多人情世故、社会气象和人生道理，他才走向了“明亮那方”。所以，“明亮那方”就是“深处”，“深处”也就是“明亮那方”。

有几个概念要辨明。首先是“童眸”，其次是“引向”（强调主体自为，教师只是“引”，学生必须“向”着那个方向自主进发）。

教师需要尊重“童眸”，但也要有所超越；教师从儿童立场出发，但又不是停留在那里，所以才有“把‘童眸’引向……”之说。

温儒敏教授有“连滚带爬”（读书）一说，他这样说是鼓励学生进行混沌思维，这种思维与“明亮那方”有怎样的关联？“明亮那方”不总是那么明晃晃地呈现于我们眼前，它是陶渊明笔下“初极狭，才通人。复行数十步，豁然开朗”的那方。没有混沌，就没有明亮；而能指向“明亮那方”的混沌，更具意义和价值。混沌 — 明亮 — 混沌，周而复始，就像前人所说，“看山是山 — 看山不是山 — 看山还是山”。经历过混沌的明亮，才是具有大格局和大气象的明亮。李吉林老师说，“小学语文虽小犹大”，我们应该带领儿童走向更大的明亮那方，这就必须经历一些混沌的状态。

陈：这个主张也越来越明亮了……

言为心声，童言无忌，童心可鉴，童言中包含的童心实则为可贵的儿童立场。这也可以说是师生“共生”教学主张。

成尚荣先生说，研究儿童是教师的“第一专业”。我们则说，把教学主张写在儿童立场的“坐标系”中，是炼制和确立它的“第一法则”。

| 第八讲 |

在潜心的阅读中开启征程

——谈教师的教育阅读

对我来说，读书有一种无影无形而又无所不在，有时还无往不胜的潜在作用，它改变了我个人的“行走方式”、生活状态。它使我从土地上、从田野里走出；它使我告别了最初破绽百出、捉襟见肘的教书时光。读书与思考、研究、写作，使我的生活变得充实，乃至幸福和充满诗意。

教科研

杜威有言，“教育即生活”，“教育即生长”。从一定意义上说，教育就是读书，读书就是教育。也可以讲，读书即生活，读书即生长。教师要在读书中生活与生长。

一、读书作用观：读书改变命运

“态度决定一切”，“读书改变命运”，这些励志的话虽然“功利”了一点儿，却也颠扑不破。通过读书，我考上大学，找到体面的工作，我的命运就是在读书中悄然改变的。而我由一名素质平平的教师成长为一名优秀教师，同样诠释了这一点。刚开始工作时，我常写错别字，常读错字音。后来我花了整整三年时间苦读汉语言文学本科考试用书和大量资料。那时的农村中学条件差，常停电，我则“焚膏油以继晷，恒兀兀以穷年”，这为我今后从事语文教学等工作打下了较为扎实的基础。

对我来说，读书有一种无影无形而又无所不在，有时还无往不胜的潜在作用，它改变了我个人的“行走方式”、生活状态。它使我从土地上、从田野里走出；它使我告别了最初破绽百出、捉襟见肘的教书时光。读书与思考、研究、写作，使我的生活变得充实，乃至幸福和充满诗意。

二、读书品位观：读书没有什么了不起

我认为，读书没有什么了不起。这主要源于两点。第一，读书就是生活，是生活过程、生活方式，在读书之外还有无数种“生活”，它们没有高低贵贱之分。从一定程度上讲，读书是“利己”的，这又有什么了不起呢？第二，“了不起”不能给读书人带来任何益处，我们没有必要觉得自己“了不起”。我有一位有点儿才气的大学同学，毕业后他被分配到一所

农村初中教书。他自觉怀才不遇，冷面对人，“看不起所有的人，所有的人都看不起他”，结果成了“孤家寡人”，患上轻度抑郁症。觉得自己“了不起”的人主观上想抬高自身价值，却常常未能实现其应有价值，真是何苦！

想起康德和季羡林。康德曾自以为求知欲极强，鄙视知识不丰富的平庸之辈。后来他读卢梭的《爱弥儿》获得启示，逐渐摆脱书斋学者的狭隘眼光和许多成见。他说：“卢梭纠正了我的看法，炫耀自己的特长的心情消失了，我学会了尊敬人。”这对他最终形成高尚、深邃的思想大有裨益。季羡林则“见素抱朴”，有一次他行走于校园，颇似一位退休工友，某新生要办理入学手续，托他看管行李，他没有一点儿架子，认真完成新生的托付。几天后举行开学典礼，主持人介绍与会领导时，新生才知道那位老大爷竟是赫赫有名的大学者季羡林先生。

清代赵翼有诗：“莫将三寸鸡毛笔，便做擎天柱地看。”读书人不要太看重自己，孤芳自赏，而要食人间烟火，融入社会。“瓦尔登湖”毕竟是少数人的生活乐园，大多数人的乐园是那熙来攘往、市语喧哗的人世间。我“顽固”地认为，读书是为了更好地走进人群，为了和谐处世，为了“会做事，能共事”；知识分子理应因为读书而赢得尊重，不应因为读书而失去朋友。

三、读书时空观：只有读，才有时间读

许多不愿读书、很少读书的人，常有两句口头禅：“我哪有时间读书？”“我那里那么乱，哪能安心读书？”

其实，人人都有读书的时间，而只有读，才有时间读。

第一，一个不读书的人，永远没有时间读，因为他主观上就不想给读书“划拨”时间。《论语》中写道：“子曰：群居终日，言不及义，好行小

慧。难矣哉！”教师中亦有这类人，有时间便凑在一起传小道消息，“砌长城”，但要他读书，他却振振有词：“我哪有那闲工夫？”大家要尽量离这类“无事忙”的人远一些，更远一些，要不然你就会百无聊赖、自甘堕落。

第二，时间是个恒量，但读书时间却是个变量。你只要想读，每天都有一些空隙时间，都有一些“边角余料”时间可以利用。一次，我看中央电视台科教频道《大家》栏目，许嘉璐先生很忙，但一直没有丢掉自己的专业——“小学”(古汉语考据、训诂等方面的学问)，仍坚持带博士生。他说，每天回家再晚，都要看半小时的书。

第三，“磨刀不误砍柴工”，读书能使教师事半功倍，从而赢得读书时间，进而形成良性循环。确实有一些老师很忙，他们忙着处理琐碎的事务，忙着当“消防员”，到处“救火”。譬如，做班主任，班上各种事情“彼伏此起”，他疲于奔命，心力交瘁，此时再让他读书，真有点儿为难他。其实，他的问题是不会教育，没有掌握一些基本的教育规律、方法和技巧；很少接触教育方面的书，经验少，又不善于“借脑”，只是跟着感觉走。读书可以使教师少走一些弯路，“读”与“有时间（读）”互为因果，正如胡适所说，“读了书便可以多读书”。

读书空间或环境问题主要是心态、心境问题。你只要想读书，什么地方都是合适的场所。等车或候机时我通常拿出书来读，效率也挺高。尽管外界人来人往，声音扰耳，但都与我无关，我完全沉浸在个人世界中。古人很向往雨夜孤灯杯酒读《楚辞》的意境。现在有人写文章，说“坐拥书城”最能享受阅读的乐趣。

“闭门即是深山，读书随处净土”，明代陈眉公写的联句，多精彩啊！哪怕家居闹市，你只要把门关上，就如身处深山，似有茂林修竹，有鸟语花香，有清新空气扑鼻，有潺潺水声萦耳……在这里读书该何等惬意！其实，关不关门并不要紧，青年时代的毛泽东专找人多的地方读书，那里更能练出定力。有了定力，什么地方都可以是你的快乐书斋。

所以说，读书的时空观问题最终是主观意志问题，是一个人有没有定力的问题。清代张潮说：“能闲世人之所忙者，方能忙世人之所闲。”对别人所忙的事，比如追名逐利，有了“闲看”的心态，你才能“忙”他人不看重、不乐意去做的事。

四、读书结构观：在做杂家的基础上做专家

教师在专业或学科方面所用到的知识在其整个知识结构中不应占比太高，而教材所涉知识应只是教师所有知识中的一点儿零头。

苏霍姆林斯基说，教科书上的知识应该只处于教师大脑中的某一角落，而不应处于中心位置。他还说，教师最好做杂家，如果也要做专家，那就做教育教学理论的专家。我赞成他的“做杂家”的主张。一是现在的学生懂得多，我们至少应该和他们“互喻”，而不能总是处于被动“后喻”（学生教老师新知识）的状态；二是新课程学科间的联系变得前所未有的紧密，“综合学习”趋势显著加强，教师不宜自筑壁垒；三是对新知识没有新奇感的人往往缺乏生活情趣，这必然会限制他的教育情趣的丰富化。

再说做专家。教师的知识中有一类叫条件性知识，即教育学、心理学等知识，在此方面差不多所有教师都“先天不足”。就拿我来说吧，20 世纪 80 年代读南通师范学校（现为南通师范高等专科学校）中文系，这是培养语文教师的，然而当时很多师生都有往文学写作或研究方面走的倾向，根本没把教育学、心理学当回事。我们要“恶补”自身的严重不足，而不必有“营养过剩”之虞。一旦成了教育学、心理学方面的专家，你对教育教学的理解就会更深刻，行动时也将更有底气。

五、读书方法观：硬着头皮读，多本齐读，把书读薄，归类整理，与作者对话，沿波讨源

我的读书方法观如下。

一是硬着头皮读。有老师说，读教育理论如读天书。这很正常，我也经历过从不懂到懂的渐变过程，现在还有很多“如读天书”的时候。关键是不要打退堂鼓。常有的情形是，看似不懂却又有一点儿懂，这很可贵。其一，它们可能会成为你的默会知识，等到时机合适就会从“后台”走到“前台”；其二，它们无形中在你的知识结构里进行整合，渐渐实现从量变到质变的飞跃。

二是多本齐读。把一本书一直读下去，很容易让人感到疲惫，特别是当这本书比较枯燥、艰深时。我的案头每天都摆着几本书，常常交换阅读，这样可以缓解大脑疲劳，甚至还是一种好的休息方式。这还有一个好处，即可以把不同的书、不同学科或领域的内容等融为一体，实现知识的“越界圆融”。

三是把书读薄。我们可以把读到的重要观点、精华随时画出来，它们往往是作者的“论点”，要记忆、理解的主要是这些，而不是“论证”以及“论据”。再好的书复读一遍的可能性不太大，但出于应用的需要，我们却可能多次回读画过的重要内容。这还可以帮我们“拎”起记忆主线，便于我们“按图索骥”，到书中找到相关内容。把书读薄利于大脑贮藏相关内容，它因简明而深刻，因深刻而“印刻”于大脑中。

四是归类整理。我们可以抓住当下关于教育的一些关键词，如教育公平、师生关系、减负、人格养成、课程与文化等，就此归类整理。

五是与作者对话。特别是我们可以与作者进行一些质疑性对话，也就是对书中的观点做批注。如读冯建军教授的《生命与教育》一书，我写道：

我觉得，在是否为未来生活做准备方面，两种极端看法都不可取。应该承认，儿童当下的生活——受教育，有为未来准备的作用与意义，但非唯“准备”而已；另一方面，也不能因为“准备”而损害现在的状态。“准备”是要有的，“准备”表现得不露痕迹，才是儿童当下所乐于接受的……

对话是在场，是参与，这是一路浏览式“旁观”所不能比的。

六是沿波讨源。“波”是指思维和思想的涌动状态，顺着它我们可以寻到有关理论的源泉。如最近我在思考“情育”与“理育”的关系，为此读了不少相关信息和资料，并提出了“情理教育”的概念。我还专门网购了肖群忠的《伦理与传统》一书，其中有“论中国文化的情理精神”“中庸之道与情理精神”两节。这就是主动、自觉、清醒和专门的“讨源”。有时不专门“讨源”，也会巧遇“武陵源”。比如，我正在读的《西方哲学十五讲》《儿童哲学》，其中有不少关于“情理”关系的论述，使我很受启迪。

六、读书有效观：用思考与写作串起读书时收获的散珠

这也可以看作读书方法观。

一位年轻教师曾很苦恼地和我说：“冯老师，我读过即忘，所以尽管也在努力，收获却不明显，您说该怎么办？”

其实，无论是遗忘的还是记住的都有作用，前者提供一种无形的背景支持，后者则沉入心底，成为重要的精神积淀。从心理学角度看，意义理解、联结与重构有利于记忆。读书所获就像散珠，将它们串起来，成为一条光泽耀人的珠链，最好的办法有两种，即思考与写作。

有一阵子，我常想到“亲情语文”教学的问题，想到它的必要性与有可能引发“人道主义伤害”之间的矛盾，想到一个论题——“亲情语文，一个人道主义的悖论”。由此我很自然地想起鲁迅先生的《我们现在怎样做父亲》，想起劳凯声教授的“弱势控制论”，想起王东华的《发现母亲》一书中几位名人所遭遇的“亲生后妈”（母亲生下孩子却不爱他们）的不幸命运，想起读过的许多人本主义、人文关怀、人道教育方面的著作和文章，结果原来似无“瓜葛”并且有所遗忘的东西一下子被唤醒，成为联结得非常紧密的珠链。

我关于教育的思考有很多方面、很多点，有的很朦胧，有的彼此交错，我心中只有一个较大的大致清晰的架构。由于我有“准备”，因此我读书时看到的许多好观点、好言论常常自然地“并入”这个无形架构的相关位置。这是一种意义联结，不易忘记。

写作的作用更大，建议老师们经常写写论理性教育随笔，最好由教育生活中的一些具体事实引发开去，事理结合，并把读书所获用到其中，这也便于“串珠成链”。不久前我突发奇想：平时留心许多有趣、有意义的事，何不一一记下，围绕它们写写随笔？没几天我便记下近300件事，分门别类并给每一类取一个总标题，如，“为‘不夜城’熄掉几盏灯”“在生命的跃动中‘保鲜’”“警惕自己”“捎住底线的‘闸门’”，等等。我读过或正在读的书，其中一些好的事例、观点、段落、语句差不多都可以用到这些随笔之中，有时则须“割爱”，而被“割爱”的东西以后自然有再去用一用的可能。可见写随笔不仅是一种练笔，也是学习、理解、记忆和积累理论的好办法。从某个角度来看，写作就是对已经掌握的知识、信息所进行的一种创造性运用和实践，“做过的就理解了”，而只有运用和实践——“做过的”，知识才能真正为我们所拥有。

【附】

教师专业进阶的三种读书姿势

冯卫东

这个题目是我自己想出来的，本以为是首创，但在百度输入“读书姿势”四个字，却搜得一些相关文章，以著名学者孙绍振教授的《读书的三种姿势》一文为最佳。他所说的“躺着读”“坐着读”和“站着读”与我所想的“三种姿势”不谋而合。但孙教授所说的“三种姿势”是“实指”，而我所谓的“姿势”都有一定的寓意，虚实兼有。

姿势之一——“躺着读”。应该提倡广大教师经常性地“随便翻翻”，鼓励他们读些“闲书”，尊重他们的“阅读生活”。

“随便翻翻”语出鲁迅笔下。“闲书”和“阅读生活”也有出处，温儒敏教授的《培养读书兴趣是语文教学的“牛鼻子”——从“吕叔湘之问”说起》谈到，应“容许学生读‘闲书’，尊重他们的‘语文生活’”。

不是每一个教师都能成为名师乃至卓越教师的，普通教师完全可以更随性、适性一点儿，高兴读一点儿就读一点儿，不乐意时且把书扔在一边，不去管它。他们也有权利享受“什么都可以读，什么都可以不读，便觉是个自由的人”（仿朱自清《荷塘月色》中的句子）的闲情逸致。大多数教师日常事务繁杂，工作很累，没有必要总是“端着”。在勤勉工作之余或间隙，随意读点儿与专业、教书或有关或无涉的“闲书”，这就是一种生活常态，也是他们在紧张的日子中舒缓节奏、享受闲暇的一种姿态。这是在为后续工作做积存能量的准备，抑或他们还会将先前的享受体验“迁移”到师生相处的情境中、课堂教学的场域里，那么又何乐而不为？

周国平先生也反对刻板的清教徒生活。他还在《孔子的洒脱》一文中写道，“即使是正经书，也不妨当闲书读”，推崇夫子“古之学者为己”——“从兴趣出发，不赞成为求知而求知的纯学术态度”。他甚至将夫子“君子不器”一说诠释为“人生在世，何必成个什么器，做个什么家呢，只要活得悠闲自在，岂非胜似一切？”更何况，闲书之中也一定有一些启智、冶情、益趣、励志的东西，它们亦会悄然化作一种知识营养乃至精神滋养润泽教师的心智，最终帮助其提升教育理解，优化教学行为，这又何尝不是一种善莫大焉的好事?

对“闲书”，我觉得最理想、最舒适的姿势就是“躺着读”。躯体的“躺”如果还不至于影响视力、损害身体，固无不可。这里的“躺”主要是指其引申义或比喻义—— 一种非常放松、惬意而“洒脱”的心理、心态。毫无疑问，较为高深或艰涩的理论著作不宜这样读，读了可能也无益；而那些较为简单明了、不需要太过耗神的文字（譬如教育散文、随笔），则完全可以这样读。十多年前，我出了一本个人教育随笔集 ——《幸福的“芭蕾步”》，它是我做一线教师将近20年的随思所结，基于事实，也多少有点儿理性思考，特别自然、真诚。一位年轻教师说，“我在国庆假期里看得乐不可支，原来教育著作也可以这么好看”，“用‘好看’形容这本书，足以说明自己是抱着消遣的态度”。她还说：“我是一个有点儿懒散的人，因为懒散，所以即便是读书也会选择慵懒的方式，比如暖阳下斜靠在沙发里。”“读完之后，伸一个懒腰，竟对自己的生存状态有了一点儿‘知耻而后勇’的焦虑。”……我的这本特别适合“躺着读”的书竟能产生如此效用，看来“躺”不完全是一种慵懒的姿势，“躺后奋起”未必不可能，这也未必是发生在这位年轻人身上的孤例。

其实，只要是好的或者说不坏的东西，即便不曾让人“奋起”，也不至于使人沉沦，并且多少有些益处。“躺着读”，常常就是教师踏上专业成长之路的第一级台阶。

姿势之二 ——“坐着读”。我倡导“沾芝麻打油式”的阅读，认为这种阅读方式最能改变我们较为肤浅的心智状态，使自己成为一个“有深度的人”。

唐弢在《琐忆》中写，鲁迅先生鼓励青年说：“一条小溪，明澈见底，即使浅吧，但是却浅得澄清……也许还是浅点好。”我们确乎常能看到一些并不高深、不免清浅的教师遵循教育常规，挚爱学生，认真教学，工作效果不错，成绩较好，他们也是学校事业发展的中坚力量。

当然，正如美国教育哲学家乔治·泰勒所说：“那些不应用哲学去思考问题的教育工作者必然是肤浅的。一个肤浅的教育工作者，可能是好的教育工作者，也可能是坏的教育工作者，他们好也好得有限，而坏则每况愈下。”一味率性而读、“闲（读）不成体（系）”的教师终究难逃清浅甚至肤浅的境地，也不可能“做成”最优秀的教育工作者，创造最优异的工作绩效。在较大程度上，深度决定贡献度，一个更多地凭借感觉、经验和一般性教育体悟与理解从事教育实践的人，不大可能抵达理想的教育境界。

从教师读书的视角看，要使上述“不可能”成为可能，我们就要有一架“阅读（思维）钻探机”，要在自己平素的一些体悟、理解中择取既有意思也有意义的那些思维点，就此深掘。我把它通俗而形象地称为“沾芝麻打油式”的阅读。“芝麻”是散点呈现的，或者以灵感的方式“闪现”，但就此打出的“油”却是垂流成线抑或平铺成面的……通过即小见大、由浅入深的阅读，我们会发现，自己至少在某个小小的问题（域）上有了一点儿智慧，有了一点儿洞见，这些能使自我专业水平产生一些量的嬗变乃至质的蜕变。

十几年前，我还是中学语文教师。我一贯酷爱作文教学，有一天静下心来，忽然想，这么多年我的作文教学较为成功的原因何在，脑子里于是迸出“对话”二字。是的，几乎每一个成功故事或失败案例的背后都藏着这两个字，或者与它有正向或反向的关系。我决计围绕“对话”“对话教学”和“作文对话教学”等语词进行深掘式专题阅读。当时相关书籍资料有限，互联网尚未普及，我如唐代韩愈所说，“爬罗剔抉，刮垢磨光”，把所能找到的与上述语词有关联的东西都一网打尽，再加以筛选、甄别。我由此知道，孔子、苏格拉底开创了中西方“对话教育”的先河；哲学家马丁·布伯著有《我与你》一书，“对话”的思想在其中有显著的位置；王尚文教授有语文对话教学方面的专著……有的我一路上溯，满目是落英缤纷之秀丽，如细读《论语》；有的我无法见其全貌，只能窥其大概，推想“美轮美奂”之壮美，如布伯的经典之作。之后我再回过头去看，竟发现自己已经走出一段挺远的距离。至少在“作文对话教学”方面，我有了一点儿稍具深度的体系性建构与思考，随后发表《“对话”，为我赢得了成功》一文。在新一轮课改之前，普通教师初步建立起“对话教学”的理论与实践框架，此类情形极少，这应归功于“沾芝麻打油式”的阅读过程和阅读历练。

如此阅读的人不在少数，我是其中受惠颇多的。在短短六七年里，我由一名县级骨干教师成长为特级教师、正高级教师，在很大程度上得益于我每有灵感则聚焦阅读而积久乃成的理论素养。几年前，我曾把这些“灵感”分门别类，准备写第二本个人教育随笔集，其后虽未能如愿，但却让我“泛读”或“深耕”了不少先进、前沿的理论。“东方不亮西方亮”，它们让我在其他许多问题上思考得既实且远。我的教育灵魂因为自己“打”出的理论之“油”而渐渐润泽、放光。

说“沾芝麻打油式”阅读为“坐着读”，意思显然不是不可以躺着读或站着读，我想强调的是，要有耐性和坐功，耐得住寂寞，安心披沙剖璞，静心寸积铢累，这或许还不是专业发展上显气象、攀高峰的行为，却是它的前奏和序曲。

姿势之三——“站着读”。最理想的阅读方式（之一）是“先篮后菜式”阅读，它能把我们所获的知识结构化，实现内在联结，最终化为我们的“思想”。

“篮”再怎么先，毕竟还是在后的，因为没有菜的存在，就没有篮存在的必要。我说“先篮后菜”，指我们在拥有了一些“菜”（一定的知识与涵养）的基础上，渐渐形成一个较大的思想框架，再在这一框架之下，有意识、有方向、有秩序地选择和组织新的知识及思想素材“厚植”其中。古人批评一些食而不化的读书人为“两脚书橱”。“先篮后菜”者绝不会成为这样的角色，因为他们在“读得多”之外还“读得巧”。他们通过有机的组织、吸收与改造，使原有的“客观知识”化为自己的“主观思想”，进而成为有思想的实践者，或者付诸行动的“思想者”。不难发现，我所谓的“站着读”，实则强调一种较高的视点，一种俯瞰的视角，一种“一览众山小”的气度。毫无疑问，这些非一般教师所能拥有的，专业上比较成熟乃至纯熟的人才可能拥有，“有境界则自成高格”（王国维语）。我们可以把前面说的“沾芝麻打油”进一步形象化地比喻为“瓶式学习”。很显然，“篮式学习”的格局更大、收益更多，“瓶”不过是“篮”中之物。既如此，我们还真的非“站着读”不可。

在我三十多年的教育工作经历中，做一线教师时，基本上是“躺着读”。十几年前成为专职研究人员，其间更多的是“坐着读”，兴趣宽，“主意”多，“成果”跨度大，分布广。最近两年来，由于某些机缘，我对“让学习真正发生”的问题念兹在兹，难以释怀，经过较长时间的整合与建构，形成了“三六九”（三个理念、六个追问和九个建议）的思想框架。这两年我的阅读总是与“真学”问题交织在一起。我读了网上所能找到、购到的学习科学方面的图书，并在“知网”读了不少相关论文。我愈读愈觉得自己的眼界在提升，对过去很少关注的“儿童学习如何发生”问题渐渐有了一些了解、理解和识见。我知道，学习科学是一门前沿而又新生的学科，作为一名普通教科研工作者，我自然难抵其堂奥，我决计着重从“教”的视角对此进行“包抄”，深入探究以教促学的规律和策略。现在，我的眼前日益敞亮，底气日益充盈，就此所做的学术报告赢得很多同行的认可，并着手撰写专著。①

《可见的学习：对800多项关于学业成就的元分析的综合报告》一书中这样写道：“适当的心智框架与恰当的行为组合在一起会带来积极的学习效应。”我有一种“阅读自信”：我的脑子里有着许多大小不一、嵌套式

① 所撰专著《为“真学”而教——优化课堂的18条建议》已由教育科学出版社出版，并入选中国教育报2018年度“教师喜爱的100本书”。

的格子，我把广涉而后优选的知识次第放到合宜的区间里；它们不断“完形”我的心智框架，而这框架又和我越来越具有专业品质的课堂观察、研究与指导行为融合在一起，我的“学习效应”从来没有像今天这般好。“阅读自信”之中其实蕴藏着一些理论与行动自信，而它们也只能为“站着读”“昂首走”的人所拥有。

“躺着读”所获往往是“点状”知识，“坐着读”所获则多为“线状”和“面状”知识，唯有“站着读”所获才是包罗万象、自有气象的“体状”知识，只有这样的知识才足以洞开教师专业发展的天地。我自知离这番天地相去不可以道里计，但至少比起我作为新手教师、作为略有智慧的成熟教师等的阶段要近一些。最关键的是，“站着读”还使我在个人事业的仲秋季节（50岁应该是这样的季节）不至于“望峰息心”，甚至不时澎湃出青年人才有的理想和热情。

还有，从“躺着”到“坐着”，再从“坐着”到“站着”，也恰似人类生命的进化史，在“读书姿势”的“进化”中，教师抑或读书人的精神人格也在悄然崛起。

» 本文发表于《江苏教育·教师发展》2016年第11期，收入本书时有改动。

后记　做教科研要兼具敏感性和钝感力

一

作为一名在一线教学岗位工作近20年而后又于教科研专业领域“深耕”10余年的“老同志”，我对教师做教科研的问题有很多话可说，也说了很多话，如果要“一言以蔽之”，则是“做我们自己的教科研”。

做我们自己的教科研，要兼具敏感性和钝感力。

当然，这不是说，大学教师、科研机构的研究者不必具备这敏感性与钝感力，而是说，相形之下，这两者更是一线教师的短项，因而尤有提出来并加以凸显的必要。在敏感性上，我们普遍弱一些，或弱很多。关于钝感力，更多人或者从未有过相关意识，或者压根儿没听说过这一概念，不过可以“望文生义”，大致明白其含义：它是我们真正进行研究、进行真正研究并使其最优化地服从、服务于自我实际工作所不可或缺的一种耐性、一种定力。较强的敏感性会让研究者频获启发，拥有资源，建构基础；而一定的钝感力则有利于研究者凝神聚力，专注焦点，由表及里，走向深入。任何个人或群体，只要以研究为志业，只要从事研究之事，都必须兼具这两者。而在“教师作为研究者”的命题日益成为人们的共识的当下，比起其他研究者，我们更有必要强化、兼具这两者。

二

敏感性的重要性不言而喻。有哪一项关于常态事实的质疑，有哪一类关于工作思路的创意，有哪一种关于事业局面的创造，有哪一个关于科学研究的成果，不是因了人们思维的敏感性而起？谁在细水微澜中看见巨涛的潜伏，谁在草蛇灰线中发现运动的痕迹，谁在悄然静态中察知动态的趋势，谁在显性现象中觅到规律的隐踪，谁就是敏感颖悟的人，谁就是预见潮流的人，谁就是智慧多多的人。说千道万，敏感性是当今时代人们开创局面、创造未来的必要条件，也是开展好教科研并切实发挥教科研作为“教育第一生产力”之作用与功能的先决因素。仅有敏感性，未必能成就教科研，成就创造教育，而没有敏感性，则只能让“教科研”成为日常教育实践活动的摆设，成为创造教育的累赘。与其说，我们呼唤教科研行为的创新性、时代感；毋宁说，我们期待教科研实践活动能倍加敏感，能富含敏感性 。

敏感性是对某些教育问题或乱象的一种“不自在感”。倘若对各种教育积弊、顽疾熟视无睹，习焉不察，甚至优哉游哉，怡然自乐，那么，他确乎为一个“自在之人”，但他的教育触觉神经便在这种心境中坏死，个人的教育生命亦庶几枯竭。我常提醒自己，“不要过得太惬意”，要对周边有关教育的事物、事件、事实保持必要的警惕和适度的张力。看一堂初二年级的班会课 ——“我心飞翔”，老师让孩子们反思过往的日子，一名女生为自己初一时一下课便找同学聊天、玩耍，没把课间十分钟用来做题、记英语单词而真心难过、真诚悔过，赢得老师满心欢喜、无限怜爱……为此我很“不自在”，痛感“休息时间学习化”对学生和谐身心发展之妨害，并思考、研究怎样帮助教师引导学生明白“不会休息就不会工作”的道理，学会劳逸结合。就此我发表了一篇随笔《孩子，我难过着你的“难过”—— 主题班会引发的思考》，引发一些读者的热烈反响。“成人不自在，自在不成人”，“不自在感”使得我们对每日置身其中的教育生态有距离，能旁观，生警觉，持异见，而这恰恰是“实践 + 反思”型的研究者生成灵感、引发后续自我常态研修行为的一条可行之道。

敏感性是在“不自在”中寻求更大的“自在”、自由的一种生命自觉。研究是一种透视，过往含糊的东西能看清，混沌的行为遭解构，合理的现实受质疑……可以说，折腾、不安生、不自在是研究与研究者的宿命。而我们正是在如此的“折腾”中，才有了生命意义与价值的唤醒、激活与放大，也才有了“立己达人”愿景成真的可能和希望。20 多年前，我在农村高中任教，其时师生间的民主空气普遍较为淡薄，不少教师视通俗文化如洪水，一味堵塞，使很多学生心生逆反。作为一名青年教师，对此我常有反感，常想着应该给学生留出一个通道，开出一些口子，让他们学会理性对待、理智享用通俗文化。于是在班会课、作文课上，我让学生唱通俗歌曲，辨流行文化，撷精华成分，师生间的代沟消失了，代之以彼此的平等关系、共鸣情感。与此同时，我进行了将通俗文化转化为积极因素、给予学生多样精神营养方面的研究，并写下《从语文教育的角度看教师与当代“通俗文化”新潮》。孟子说：“生于忧患，死于安乐。”研究的敏感性关乎师生和谐，学生幸福。它必定生成于教师的“忧患”情结中，或者消弭于耽于安乐而无所思的惰性之中。

敏感性是在某些看似无关的因素之间形成的联结关系，它还是一种“黏合剂”。教师作为研究者，要善于联想，联想就是熔铸整合，推陈出新。多年的研究生活使我变得越来越习惯于由此及彼的联想，有时甚至有些“神经质”。一位作家讲，创作生活非要有点儿“神经质”不可。在我的理解中，研究便是教师的一种创作，研究生活也要有点儿“神经质”—— 这可以说是一种“巅峰性敏感”，有此敏感的人每每能享受创意泉涌的酣畅。

完全可以讲，没有敏感，就没有教育的困惑、思考和批判，没有教育的重构、创新与开拓；优化我们的研究行为，创新我们的教育生态，也无妨从教师研究敏感性的培养开始。

三

渡边淳一的《钝感力》一书，曾风靡一时。在作者笔下，“钝感”是一种隐忍、包容、专注的处事风格，是人们赢得美好生活的手段和智慧。事实也是这样，“敏”与“钝”可以并立共存。

有时反思自己的研究生涯，不免心生感慨：我也许既成在敏感，常能在一块石头中看到风景，时不时有一些独属自我的体悟与心得；也憾于敏感，犹如小熊掰玉米，且拾且弃，所以所获有限，也未能精准锁定一个有特色又有效益的研究方向，更未能形成较好的研究体系。好在觉醒不算太晚，眼下除了一如既往摸索与建构个性化草根研究方法外，我更致力于“以优教促真学”问题的探索，而其他所有的学习与思考都如百溪自流，却汇集于此。

客观地说，就教师的研究行为而言，更多人是敏感不足而钝感有余的。（此处的“钝感”与上节的“钝感”有所不同，指对一些有“研究潜质”的因素反应不敏捷、较迟钝，因而容易错过、漏掉而未能使其“研究潜质”得以“兑现”。）基于此，我们一方面还是要倡导广大一线教师通过各种专业修为不断提高自我的研究敏感度；另一方面，则要吁请业已具有一定的研究能力、素养与基础的同行“敏钝兼修”，修得一定的钝感力，进而以有涯的精力在无涯的源头活水中掬取最优质也最解渴的一捧，润化研究行为，滋养教育生命。

—— 不是所有的教育事实或现象都值得我们敏感，也不是所有的敏感都是有益而无害、能成为后续教育及研究行为之正能量的。

—— 不是所有的教育理论或领域都需要我们捷足先登，率先“置顶”的人有可能忽略了一路最美丽的风光、最动人的场景。

—— 不是所有的教育旧话或老题都必须被我们搁置，存而不议；“朝花夕拾”式的研究也别有风味和价值。前几天，看一篇用“遗忘规律”理论指导学生进行文言文记诵的文章，其中用了对比实验、量化分析等手段，较为熨帖地得出了几点结论，我觉得颇为受用。

—— 不是所有的教育信息或观念都能够被我们所采用，并立马转化，助成我们“转型升级”。有一位教科研人员，几乎每一天都能捕捉一些最新教育资讯，然后很快整合出若干东西，它们不无价值，却也有限。南通“二李”（李吉林、李庾南）则不然，分别用了近40年，持之以恒实践与研究情境教育、“自学·议论·引导”教学法。

四

敏于事者捷于研，钝于“变”者精于研。如果说“捷于研”是通过研究实现专业快速拔节时期的行为特征；那么，“精于研”则是提升研究品质、实现专业精进时期的应然追求。学者翁乾明说得好：“敏感力使人举轻若重，钝感力使人举重若轻。”“举轻若重”需要依靠高度的研究悟性，“举重若轻”则要仰仗超俗的教育定力，它们都难以达成。潜下心来就一个名号也许不太响亮、形式也许不够炫目的问题进行真正的研究、长线的研究和深入的研究，恰恰才最有生命感，最具“度人力”。刘勰在《文心雕龙·养气》中说：“水停以鉴，火静而朗。”只有静下来，才能思考问题；那种躁动冒进的人，很难登上学问的高地。